同程技术故事

张海龙 王晓波 吴中骅 刘新高 著

電子工業出版社
Publishing House of Electronics Industry
北京•BEIJING

内 容 简 介

《同程技术故事》以主人公小白入职同程旅游开始，介绍了同程旅游技术发展的心路历程。小白在同程旅游担任数据库管理员和运维人员，是同程旅游创业初期吃苦耐劳的研发人的典范，也算是见证了同程旅游研发的发展历程。同程旅游从一开始简陋的基础设施，发展到如今的各种监控系统、中间件的锋芒崭露，在此期间小白自身也成长颇丰。本书全方位地为读者讲述了一名同程旅游研发人员如何一步步地从 0 转变到 1 的技术故事。

本书总计有 6 章，前 3 章讲述了同程旅游的历史、业务及每年国庆期间面临的种种考验，这些都是同程旅游研发的往事；后 3 章则介绍了如今同程旅游研发中的中间件团队、运维团队及安全团队。

本书适合对互联网技术、大并发、大数据等感兴趣的人群阅读，能够帮助初创或成长型公司的技术开发者选择正确的技术道路，避免再踩同程旅游所经历过的技术方面的老坑。本书还介绍了在线旅游行业的业务特性，所以也非常适合非技术开发方向的旅游行业从业者阅读。

图书在版编目（CIP）数据

同程技术故事 / 张海龙等著. —北京：电子工业出版社，2016.11

ISBN 978-7-121-29940-7

Ⅰ. ①同…　Ⅱ. ①张…　Ⅲ. ①旅游企业－技术发展－概况－中国
Ⅳ. ①F592.3

中国版本图书馆 CIP 数据核字（2016）第 227266 号

策划编辑：张国霞
责任编辑：徐津平
印　　刷：北京嘉恒彩色印刷有限责任公司
装　　订：北京嘉恒彩色印刷有限责任公司
出版发行：电子工业出版社
　　　　　北京市海淀区万寿路 173 信箱　邮编　100036
开　　本：880×1230　1/32　印张：4.875　字数：150 千字
版　　次：2016 年 11 月第 1 版
印　　次：2016 年 11 月第 1 次印刷
印　　数：4000 册　　定价：49.00 元

凡所购买电子工业出版社图书有缺损问题，请向购买书店调换。若书店售缺，请与本社发行部联系，联系及邮购电话：（010）88254888，88258888。

质量投诉请发邮件至 zlts@phei.com.cn，盗版侵权举报请发邮件至 dbqq@phei.com.cn。

本书咨询联系方式：010-51260888-819，faq@phei.com.cn。

自序

同程旅游的技术研发从最早的ASP发展到现在各种技术的百家争鸣，历经十几年。虽然同程旅游的技术一直在革新，但是同程旅游的研发人对技术的热情从未消退。同程旅游以拥抱变化作为公司的核心价值观之一，同程旅游的研发人无时无刻不在改变着自己和学习新技术，他们大胆地将业界新的互联网技术引入同程旅游的技术体系，不仅在开发效率上比以往更高，而且给公司节约了大量的硬件成本和维护成本。

本书解读了同程旅游从技术发展伊始至今的技术故事，其发展过程也并非一帆风顺。同程旅游的研发人虽然踩过坑、走过弯路，但最终还是凭借着坚韧的拼搏精神，克服了一个个艰难险阻，完成了自身和公司的双飞跃。

随着同程旅游的飞速发展，同程旅游的研发人也将要面临更大的压力和挑战，我在这里衷心地希望，所有同程旅游的研发人能再接再厉，让研发成为同程旅游发展壮大的基石！相信同程旅游有了这样一群热爱技术、富有激情的研发人，明天必将腾飞！

张海龙 Ben

2016 年 10 月于姑苏城

前言

作为近几年才入职同程旅游的新研发人，笔者确实看到了同程旅游这些年来在技术上突飞猛进，并朝着一线互联网公司不停地追赶。记得几年前参加大型技术峰会的时候，经常有人把同程旅游误以为“58同程”，甚至有人认为同程旅游是做棋牌游戏的。不过同程旅游在近几年来飞速发展，在OTA行业内的影响力也逐渐提升；另外，随着同程旅游研发技术的高速冲刺和胖波（王晓波）在大型技术峰会上的多次亮相，越来越多的人开始了解和认可同程旅游了。

笔者目前在同程旅游研发中心负责各种云服务的开发，这里的云服务类似于阿里云，不过笔者所在团队的产品是面向同程旅游内部的私有云服务，在本书中提到的各种中间件和云服务都是我们团队开发的。同程旅游大量使用了OpenResty方案，

同程技术故事

现在你打开 www.ly.com 首页和大部分页面，都可以看到响应头里包括 OpenResty 的标识。在同程旅游研发、编写和发布 Web 服务会让人觉得很幸福，因为同程旅游会提供一个云 MVC 集成环境，可以直接在其中进行开发、断点调试和一键发布，无须以传统方式进行本地开发和部署上线。各业务的线上系统还可以方便地接入各种在线云服务，例如云防护、云缓存、云数据源、云日志等。

同程旅游内部的各个研发系统都已经微服务化，微服务的理念已经深入到每个研发人员的心中，这对于整个同程旅游内部的服务治理是相当重要的。前几年，随着同程旅游研发团队的不断壮大，各种语言编写的各类服务都出现在了同程旅游的业务系统中，在对这些服务进行治理时，老的 SOA 框架显然已经力不从心了，借助于同程旅游新的微服务框架，各个系统之间的跨语言调用就不成问题了。对各种微服务的治理，能大大提升研发的工作效率，让各个系统之间不至于出现蜘蛛网式的错综复杂的调用关系。

同程旅游研发的运维系统也在近几年有了革命性的变化，

原来全部是物理机，现在是拥有 KVM、OpenStack、Docker 等的混合私有云；数据库也从以前的 SQL Server 转变为多种 DB 共存，目前 MySQL 和 MongoDB 集群也有了相当大的规模，还有部分 PostgreSQL、Greenplum 和 HBase 等，当然，这对数据库管理员的要求也更高了。

感谢所有为本书提供内容的同程旅游的研发人，你们是无私的贡献者，同程旅游今天的成就和未来的发展全靠大家的努力。希望同程旅游越办越好，希望同程旅游的研发人越来越棒！

吴中骅

2016 年 10 月

Contents

目录

第 1 章

小白入职

在 2012 年，小白入职“同程旅游”，这家公司也是小白毕业后入职的第一家公司。同程旅游是中国专业的休闲旅游预订平台，创立于 2004 年，总部设在中国苏州，小白也算是慕名而来。很早就听说同程旅游的研发团队是一支朝气蓬勃、富有激情的团队，所以小白怀揣着激动和喜悦的心情到同程旅游报到了。

第1章
小白入职

1.1 第一行代码

入职第一天，小白的感觉还不错，公司的氛围很好，小白认识了和他一起入职的研发人员小王，他们挺谈得来，都是胸怀梦想的研发人。小白和新入职的员工一起被安排在会议室进行入职培训，听 HR 美眉给他们讲述同程旅游从创业伊始到现在所走过的艰难历程，这个历程从张同学的第一行代码开始讲起。

每个同程新人入职都会经历的新百大培训

同程技术故事

2002 年的某一天晚上，张同学打开电脑，紧缩眉头，思索着如何编写同程旅游的第一个页面，这时摆在张同学面前的是他非常熟悉的 ASP 和 PHP，究竟采用哪种语言开发电商平台呢？张同学很想采用 PHP 来做，但是在当时 PHP 技术算是一个新鲜玩意儿，网站规模做大后人员招聘会不会存在问题？而且 PHP 在当时也没有被各大型互联网公司广泛使用，使用 PHP 后在将来会不会是一个麻烦？张同学百般思索，每次把手指放上键盘又放下去，始终拿不定主意。

此时的张同学还不是一名技术顶尖的高手，必然对 ASP 和 PHP 的未来不会看得非常清晰，但是创业的梦想一直在他的心中激烈地燃烧。只要为了创业成功，采用哪种技术并不重要，ASP 在当时可算红极一时，拥有广泛的开发人员和参考资料，于是张同学毅然地决定采用自己相对熟练的 ASP 作为同程旅游的第一个项目的开发语言。

张同学深吸一口气，决定用技术去改变旅游行业的现状，于是他在编辑器上写下了同程旅游的第一行代码：

```
<% Response.Write("你好，同程旅游") %>
```

从编写这一行代码开始，张同学已经累计编写了数亿行代码，并且远远不止编写一个网页这么简单，即使张同学现在已经不再编写代码，但是在同程旅游的一些比较老的项目中，还是能够看到他当年对项目的架构思想，这些在如今看来比较陈旧的程序设计，当年可是保证同程旅游一路发展的基石……

这间苏州大学9平米的教工宿舍就是同程旅游最早的办公室

小白认认真真地听完了 HR 美眉对同程旅游的历史回顾，便更加希望能加入他期待已久的这个技术团队了。“原来 CTO

还曾写过代码，我一定要加倍努力地学习，赶上整个技术团队的实力，而且翻翻老项目，说不定能看到 CTO 的代码呢！我肯定会比他写得好。”小白心里有着各种想法，摩拳擦掌地想投入到工作中去。

1.2 不断前行

不知不觉张同学已经创业十几年了，其实张同学的原型就是同程旅游的创始人之一：张海龙。

曾经的张同学已经成为互联网领域的技术“老鸟”，开发、数据库、运维等工作他都做过，而且每一项在同程旅游都是第一人。现在，他也会跟身边像小白那样的新一代程序员骄傲地说：“我曾经是同程旅游的第一名开发人员、第一名数据库管理员，也是第一名架构师，在你们现在维护的一些项目里还有我写的代码呢”。

同程旅游也从最早的 1 名技术开发人员发展到现在拥有 2000 多名研发人员的规模了。现在让我来给大家回顾一下这些年来同程旅游的技术发展和选型之路吧。

2002 年，在苏州大学那间会漏雨的教工宿舍里，同程旅游唯一的开发人员张海龙用 ASP 语言写下了第一个项目，这也为以后同程旅游发展的技术路线选择埋下了伏笔。回顾 2002 年，ASP 在当时确实红极一时，PHP 那时还未兴起，国内主流的两个在线旅游公司也是这样的技术起步，所以选择 ASP 和 SQL Server 的技术线路也可以说是当时成熟和稳重的技术方案。

同程旅游原来的大楼办公室内景

到了 2005 年，受限于 ASP 语言的性能、可维护性和开发效率，同程旅游开始进行技术转型，寻找能替代 ASP 的开发语言来为开发平台升级换代。由于之前的开发和运维环境都是基于 Windows Server 的，所以，C#顺理成章地成为同程旅游之后发展多年的核心语言，当然，对数据库方向的选型肯定还是 SQL

Server 了。

接下来的几年，同程旅游在 C#和 SQL Server 这条路上又前行了很久。随着业务的爆发式增长，技术瓶颈日益显现，特别是基础设施部分，没有合适的缓存，没有分布式数据库，对大数据又该如何处理?

看着外部一个个开源技术方案的兴起，张海龙想到：我们可不可能、应不应该去升级和改变同程旅游的技术路线？拥抱开源是互联网技术发展的必经之路，怎么拥抱？一个个问号在他的心里涌现，如此大的技术转变是他无法独立完成的。

2016 年年初落成并投入使用的同程研发大厦

同程技术故事

他想要找一些懂开源、更精通互联网技术的人，来同程旅游帮助他一起做技术改造和升级。此时的技术选型路线也不再局限于 C#、SQL Server 方向了，应该有更多的技术被引入了。

1.3 不平凡的大年初一

直到今日，每当小白回忆起几年前过年期间的值班场景，他都心有余悸，似乎并不想多回忆那些个令他刻骨铭心的时刻。当时到底发生了什么事情？让我们随着小白的思绪一起回到几年前的那个大年初一。

那一年，小白还是“单身汪”，想着回家过年又是被各种相亲，所以打算在公司过完年再回趟老家，而且公司的其他同事都回家了，总得有人值班。小白心想：过年应该没什么大事，平时值班也就是看看监控、翻翻日志，这一天很快就会过去了，而且过年值班其实很不错，大 Boss 会发红包，行政美眉们还准备了各种零食和饮料。小白心里乐滋滋的：值班可以一边吃零食、一边看春晚地愉快度过了。

同程技术故事

某年的研发值班现场，向自己致敬

大年初一一大早，小白在值班群里收到很多业务同事的反馈，说网页打开时很卡，耗时很长。小白作为运维值班组长，心里一惊：哎呀，看上去好像有麻烦了！自从新网站上线以来，几乎没有出现过这种情况，连去年国庆流量达到最高峰的时候也没有出现，这可怎么办呢？小白一边回复业务同事稍等片刻，告诉他们会尽快处理，一边查找监控，想从监控中找到发生故障的线索。

小白先查看了问题页面访问的数据库监控，发现数据库的压力一切正常，没有 SQL 阻塞，也没有慢查询，数据库层面应该没有问题。

小白心想：会不会是大量的流量进入，把服务器压死了呢？于是他又查看了访问流量监控，发现系统的压力并不大，流量和并发连接数也不高，排除因为爆发式流量或者恶意攻击流量而导致问题出现。这时小白更紧张了，心里有一百个问号，到底哪里出问题了呢？

时间一分一秒地过去，业务报错群里的反馈越来越多，已经引起了公司高层的重视，小白也心急如焚，心想：必须赶紧继续排查问题和解决问题，不然麻烦可就大了。

小白查看了 HTTP 请求阻塞的报警，发现有大量的请求队列堆积，于是对站点应用进行回收、重启，但是不一会儿，堆积队列又有了，似乎起不到什么作用。小白马上联系了开发人员小王，但是小王说自己那里没有任何报错日志。小白心想：哪都没有问题，该怎么办呢？

小白想到了回滚代码，便配合小王将这个应用的代码回滚到上一个版本。小王经过紧急测试后，发布了回滚代码，并部署上线。但是问题依旧存在，报错群里已经炸开了锅，大家都催促小白快点找到并解决问题。小白心想：数据库、流量、缓存等该查的都查了，一切正常，重启应用和回滚代码也不行，想想这些都是技术“老鸟”教他的处理问题的灵丹妙药，怎么一个都不起作用了呢？小白急得团团转，有点后悔值班了。

此时距离故障发生已经有 1 个多小时了，客服那边也收到了很多客户的投诉。过年期间正值旅游旺季，全公司已经开始重点关注这件事情，休假的技术大神们都开始准备赶回公司了。在其他高层的压力下，公司的 CTO 张同学的脸上也已经挂不住了。小白的压力空前巨大，一同值班的小王站在旁边也是一筹莫展，都在怀疑是不是物理服务器或者机房网络出问题了。

于是小白紧急协调备用服务器，快速部署应用并测试上线，心想：服务器都换成新的了，这次问题应该解决了吧？但是新服务器上线之后，问题依旧存在，小白快要崩溃了，心想：这过年红包真不好拿。

此时小王提醒小白：会不会是网络出问题了呢？这时的小

白已经是病急乱投医了，赶紧联系网络值班人员检查机房的网络，很快便得到网络值班人员的确认：机房网络并无异常。小白更加沮丧，已经要崩溃了。

报错群的滴滴声又把小白拉了回来，他静下心来，重新收拾一下烦躁的心情，重新整理思绪，认真回忆从去年国庆至今运维人员调整的地方有哪些，哪些调整可能会导致这样的故障。他首先想到：运维人员的负载从以往的硬件负载调整到了 LVS 负载上，难道是这个导致的问题吗？硬件负载的配置还在，小白抱着试试看的心态，把负载从 LVS 又切回了硬件负载，但是不遂人愿，问题依旧存在。

小白仔细回忆排查过程中的细节，似乎没有什么遗漏的地方。难道又是组件出问题了？小白想起这“苦逼”的半年，有多少次故障是由引用的组件引起的，又有多少次彻夜不眠是因为组件的问题，更有多少次的血泪是因组件而流的，便对身边焦头烂额的小王说：“检查一下是不是组件导致的？”小王表示疑惑：“什么样的组件能够导致如此大面积的故障？”

于是，小王开始排查系统使用的所有组件，但是也没有发现和组件有关的任何异常。

这时，距离故障发生已经有两个多小时了。小白心里在想：难道这是自己在同程旅游度过的最后一个新年了么？但是，岂能被这样的故障打垮？今天无论如何都要找到问题！于是小白又耐下性子，开始对出故障的项目进行地毯式搜索和排查：异常组件、缓存组件、数据库组件、消息队列组件、IP 防御组件。

终于，苍天不负有心人，在小白与小王的齐心协力下，经过上线、下线反复验证，最终发现，当 IP 防御组件上线的时候，系统就会出现卡顿现象，下线 IP 防御组件的时候，卡顿现象就会消失。

终于，小白长吁一口气：历经这么久的问题排查，问题的根源终于找到了！

于是小白抓紧联系 IP 防御负责人在后台把 IP 防御的配置关闭。但是没过一会儿，IP 防御组件负责人告知小白：配置 IP 防御组件的后台也打不开了。这是什么原因？小白连忙询问该负责人能否找到原因。该负责人一脸苦相地告诉小白：因为 IP 防御组件的服务出了问题，但是 IP 防御后台站点也接入了 IP

防御组件的服务，所以后台就打不开了。

最终，小白和小王决定通过修改代码的方式，直接将所有引用 IP 防御组件的代码都修改掉，然后紧急测试上线。终于，故障解除了，小白他们也长长地松了口气，终于可以去吃午饭了。这次事故后，IP 防御组件就再没被人用过，也再没被继续开发了，同程旅游有了新的防御解决方案。

第 2 章

一个可以旅游的网站

最近几年，在线旅游行业蓬勃发展，小白以前可是一名超级宅男，买一箱方便面就可以宅在家里一周不出门。可是，自从加入同程旅游并有了女朋友后，每到周末或小长假，小白也会带着女朋友出去兜兜风……

2.1 不仅仅是电商

小白刚入职时觉得 LY.com（同程旅游官网）与其他电商网站没什么区别，用户都是选择不同的商品去购买它们。但是，随着他加入同程旅游研发团队的时间越来越长，他发现，LY.com 与其他实物电商网站其实还是有很大区别的。

一个实物电商网站的基本服务方式是：用户在网站上选取一件商品并下单支付，网站会完成物流配送，将商品送达用户手中，并最终完成本次交易。

这样的购物体验在 LY.com 上却是不同的，在 LY.com 上没有物流配送的流程，但是需要有更强的时效性，而且从来没有一个实物商品叫作旅游。怎么理解呢？下面我们来举个例子。

比如，用户在 LY.com 上预订了一个酒店的房间，或者预订了一张机票，或者预订了一个境外旅游项目，那么用户一定会准时准点地到达酒店，要求入住预订的酒店，或到达机场取得自己的登机牌，或准时到达旅行团的集合点。用户在这样的网站上购买的是一个服务，而非一个实物商品，这是 LY.com 与其他电商网站最根本的区别。

机票的宣传广告

但是，仅仅有这样一点不同之处吗？当然不是，还有购物方式的不同。实物电商注重的是收货地点，而 LY.com 注重的是发货地点。设想一下，如果用户在苏州，那么用户基本上不会考虑去参加一个从北京出发的旅行团。

另外，用户在商品搜索的行为上也存在着巨大的差异。在实物电商网站上，用户搜索的往往是商品名称的关键字；而在

LY.com 上，用户搜索的内容则更加多样化和不可预估。

例如，用户在 LY.com 上的搜索框里输入“厦门”，那么用户此时有可能在搜索一家厦门的酒店，或者去厦门的机票，或者厦门的著名景点，还有可能在搜索从厦门出发的旅行团。所以这样的场景对于搜索系统来说，其输出的结果应该是用户更想得到的，对于搜索系统的智能性要求也更高。

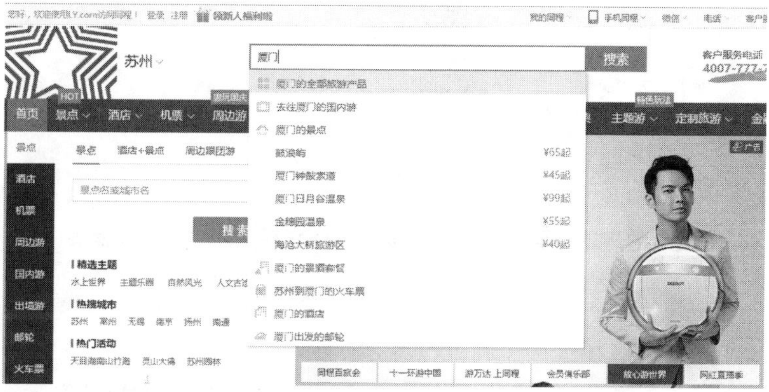

用户在 LY.com 上的搜索框里输入“厦门”后的效果

LY.com 对于商品购买人的一些信息采集，与实物电商网站也有很大的区别。用户在普通电商网站购买商品时，会被要求输入收货地址和联系电话，这样的标准几乎通用于全网站的所有商品。在 LY.com 上却不是这样的，用户在购买机票时，必须输入自己的身份证号码，又如在购买境外旅游产品时，必须提供护照的信息，所以 LY.com 会根据用户选取的不同产品，要求用户输入不同的信息来提供服务。

酒店的订单需要提供入住日期、离店日期、房型及入住信息

机票的订单则需要选择出发地、目的地、航空公司、出发日期及乘机人信息

对于商品管理，实物电商网站和 LY.com 也有很大的区别。实物电商网站是对商品类目的管理，并且做好仓储与物流，对于商品是基于实物来描述它的属性的，所以对各类商品的管理方式是类似的。在 LY.com 上却不是这样的：对于一张机票，需要管理的是航班号、登机的时间和不同渠道的价格；对于一张门票，需要管理的是景点门票的多种组合玩法；对于一个出境的旅行团，需要管理的就是游览路线和行程。所以，在 LY.com 上各种商品很难以统一的方式来进行集中管理，因为这些商品之间的属性差别很大。

实物电商网站和 LY.com 在商品的售后服务方面也有很大的区别，实物电商的售后集中在商品到货后的质量、配送的服务状态，为此采取的大部分措施是退换货，比较统一。LY.com 上的售后可就不一样了：比如从商品的满意度来说，用户对于旅游类产品的满意度往往是对旅游过程的满意度，这往往是由用户在旅行时的心情和经历来决定的，有些景点可能更被部分用户喜欢，但是不被另外一部分用户喜欢；在旅行的过程中，如果用户不满意或者在旅行中遇到问题，对于旅游产品肯定是不能像实物商品那样简单地进行退换货的，只能通过协商和补偿的方式来解决。

最后，对于产品的消费时间，实物电商网站和 LY.com 也是截然不同的。比如，用户在实物电商网站上购买一双袜子，如果此时袜子在仓库中没货，但是已经在运往仓库的路上了，那么这时网站可以告诉用户：这双袜子的配送时间可能会比较长，若用户愿意等待则可以继续下单。如果在配送的过程中袜子出现了问题，那么网站可以重新配送袜子，这样仅仅延迟了用户收到商品的时间。而 LY.com 的旅游类商品对时间有着高度的敏感性，时间几乎贯穿了整个商品的全过程。在 LY.com 上的商品必须准时准点地提供服务，比如用户预订了某月某日入住的一家酒店，但是因为某些问题，虽然用户准时到达了酒店，却无法入住，在这样的情况下是不可能推迟服务的时间、让用户晚几天入住的。

上面说的是下单正常、服务异常，还有一种情况是可销售旅游产品的库存和时间的相关性。用户已经计划好了出游时间，如果 LY.com 上在这个时间没有库存，则用户是无法下单的。比如，可能这个商品今天没库存，明天有库存，用户可以现在直接下订单，系统将会扣除该旅游商品明天的库存。但是在实物电商网站上，今天没库存就肯定无法马上对这个商品下单了，必须等到明天或几天后，等商品有了库存才能下单。所以两者之间的区别，就是商品库存和时间是否有绑定的关系。

某周边自由行产品在 10 月 2 日至 4 日已经售罄

（LY.com 的商品库存是与日期严格挂钩的）

2.2 旅游网站也不轻松

实物电商有大流量，LY.com 也经常面临这样的挑战，比如同程旅游史上的 1 元玩景点活动。

最近，小白听说公司在做新产品打样，现场很火爆，产品的名字是“1 元玩景点”，顾名思义，就是客户只需要花 1 元，就可以去游玩旅游景点了。对于小白这样的宅男来说，没有比便宜更有吸引力的了，但他没想到这对他来说可不像旅游一样好玩。听说在小规模打样的时候，各种监控齐上阵：现场视频、流量监控、下单监控，等等。看着监控中过山车般的曲线，研发人员、产品经理、DBA、运维人员都很紧张。虽然爆发式流量增长得很快，目前似乎也没有出过什么故障，不过小白看着监控中的这些曲线和峰值，心里还是有点忐忑不安，时不时回想起自己在那年的大年初一经历过的事故。

同程旅游在 2015 年推出的 1 元玩景点活动，异常火爆

小白对于景点门票只要 1 元这种活动百思不得其解，就去请教了产品经理小丽。小丽这样解释："公司本身就要花费巨大的推广费用，与其把费用花在推广上，不如花在用户身上，让用户得到实惠"。小白恍然大悟：原来同程旅游、景点、游客和合作商家都能从这个活动中受益。

正当小白暗自为公司叫好的时候，一阵急促的电话铃传来，"小白，快，帮忙看一下数据库，页面现在全打不开了，都 504（Bad Gateway）了。"负责 1 元玩景点的研发人员小王突然来了一个电话。作为运维人员的小白连忙检查监控：天哪，网络连接数已经打满了，CPU 占用率也超过了 90%！小白赶忙问开发人员这是怎么回事，开发人员回复现在全国 32 个抢购专场在同步进行抢购。

这时并发量从之前打样时的每秒几百次，直接变成每秒数十万次；商品展示、价格策略、库存系统在同一时间告急，无论是 Web、接口，还是缓存、数据库，都无一例外。不用问，这次抢购以失败告终。

第一次进行全国范围的大规模 1 元抢购时，大家对流量的预估严重不足，系统从架构到资源等各方面都没有做好充分准备，那么在有爆发式流量到来的时候，系统资源、架构需要迎接哪些方面的挑战呢？小白带着以下几个问题去请教胖波。

- 在高并发抢购时，首先面对挑战的是应用服务器的并发处理能力，最大的问题就是 CPU 占用率过高，没有多余的计算能力来处理接下来的请求，导致用户响应超时。
- 应用服务器接收用户的请求进行相关数据查询，由于高并发，导致数据库连接池打满或数据库 CPU 打满，

I/O 打满，数据库崩溃。

- 高并发伴随高流量，导致相关服务器的网络带宽跑满，服务接无法收到用户的请求，导致用户投诉，用户体验极差。

胖波很快就针对小白的问题给出一个“药方”。

- 首先，全线的资源静态化，利用全国的 CDN 接管缓存页面，这样就算有再多的流量增加也不会有问题，可以保证用户都可以打开抢购页面，同时本地的页面文件也全线静态化。
- 其次，利用高性能内存数据库 Redis 集群来控制库存，保证不会因为抢购而导致库存超发。
- 然后，利用负载做好限流，保证后台接口不会因为流量猛增而导致接口过载。
- 最后，在抢购下单的环节使用高性能消息队列集群进行异步下单，保证数据库不会因为并发写的问题而导致系统崩溃和无法下单支付。

胖波担心小白不能很好地理解其中的意思，特意给小白画了一张草稿图。

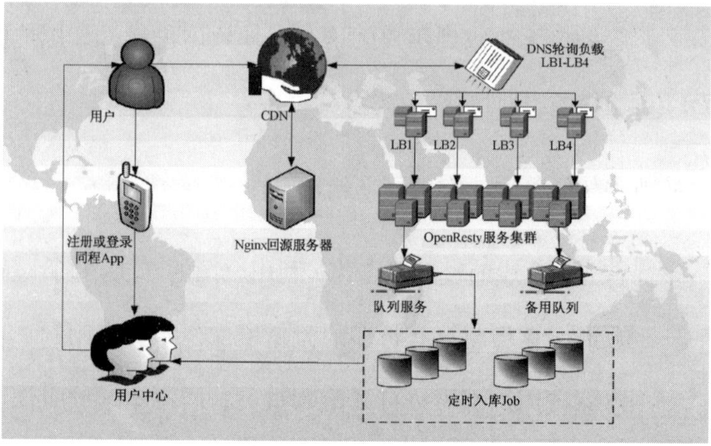

秒杀系统架构图

看着这张图，小白觉得这次抢购应该不会有问题了。从压力测试数据来看，数十万的并发没有出现太大的问题，小白对架构师又多了一份敬仰。

第二次抢购在产品经理、研发人员和运维人员紧张的心情下如期而至，这次尽管系统监控曲线也还是来了回“过山车”，但最终平稳着陆，大家悬在内心的石头终于落地了，原来对数十万并发的处理也不过如此嘛。

小白如释重负地起身倒了杯水，心想今天应该就这么过去了吧，没想到距离活动结束还没过几分钟，负责 1 元景点门票的研发人员小王又火急火燎地冲过来，说："我们多卖出去了 1000 张门票!"小白还挺高兴地说："多卖不是挺好的么？"小王瞪了小白一眼说："其实这 1000 张门票我们是没有库存的，无法给到用户。"

问题很快就定位出来，是库存没有控制好，幸好超卖的是门票，最多公司向景区多结算一些费用，如果超卖的是酒店或者邮轮的仓位就麻烦了，因为房间和仓位都是有固定数量的，有钱也难以提供服务。小白和小王长长地舒了口气，下次写这类抢购代码一定要再小心一些。

经过对系统的改造和代码的优化，果然在进行第三次抢购时，一切尽在掌握之中，进行得非常顺利。

看着系统的稳定及业务的高歌猛进，小白和小王别提有多高兴了。当小白也准备抢个 1 元门票试试的时候，他却发现怎么都抢不到票。小白找到了小王："有没有什么抢票的秘诀？"小王说："没有秘诀，只能看你的运气了。"

同程技术故事

因为业务的快速推进，1 元门票迅速在全国各大城市上线。1 元门票很便宜，有利可图，已经开始被黄牛盯上了。

之前是和流量 PK，现在是和黄牛 PK，而 PK 黄牛的方案很快就出来了。黄牛的作案手法是先开发特定的抢票工具，这个工具是需要开发时间的。通过对黄牛作案手法的简单分析，小白他们很快就制定了有效的手段，对黄牛进行了有力打击。比如，每次在抢购前一分钟才会开启抢购页面，变换下单逻辑，使得黄牛无法快速使用工具作案。

黄牛在之后还对同程旅游的十元酒店、百元出境等相关产品进行了干扰，在其每次变换作弊方式的时候，小白他们和安全团队就会马上进行分析，同时与业界联动，对黄牛的特征信息库进行共享，只要特征符合，就立即封闭。

同程开始全国性质的推广 10 元度周末的抢购活动，各种广告和推广

在经历了流量、库存、黄牛等一系列事件后，研发人员面对抢购越来越沉着。经过平台化、系统化的改造，业务部门的同事可以随时进行抢购活动，并可以快速地根据抢购的场景与规模来调度资源以应对业务的需求。小白和小王终于不用在每次抢购时提心吊胆了。

第 3 章

决战国庆之巅

同程旅游每年一次的年度大考就是国庆黄金周，小白作为数据库管理员已经好几年要连续值班了，每次到国庆就会焦头烂额。转眼 2015 年国庆又快到了，小白的奋斗又要开始了……

第 3 章

决战国庆之巅

3.1 人山人海

小白自从入职同程旅游，国庆期间就再没有出去旅游过了，主要是因为过去每逢国庆长假，都是同程旅游的系统压力最大的时候，需要运维人员随时待命。

不过这也难怪，2014 年国庆期间的出游人次高达 4.75 亿，相当于超过三分之一的中国人都出去旅游了，整个业务系统的压力肯定会突增。

各大旅游城市和各大景点人山人海，这时同程旅游服务器的压力一台高过一台，开发人员在国庆期间有时不得不紧急修改代码并匆忙部署上线，以便让系统继续对外提供服务，殊不知这样的匆忙上线，又会带来多少新问题。在某一年的国庆期间曾出现入园系统崩溃，导致大量游客滞留景区入口，最终不得不采取紧急预案才解决了这个问题。

每逢国庆，整个中国的高速公路就会进行一波压测，大家纷纷堵在路上

另外，在此期间，公司的运营团队也会很频繁地做一些推广，本来就“鸭梨山大”的系统，更可能会因为推广带来的流量而雪上加霜，所以不仅仅是数据库服务器，连 Web 服务器也是重灾区。

2015 年国庆期间，据统计共有 7.5 亿人次出游，相比 2014 年又增长了将近一倍。如此大的旅游需求，给每个在线旅游网站都带来了巨大的利润和压力。根据小白以往的经验，国庆期间的流量会是平时的 8 倍，但是如果我们以 8 倍的硬件资源来投入，则会造成极大的浪费，所以如何巧妙地利用现有的硬件资源来平稳地度过黄金周，对于小白和他的同事们都是一场考验。

其实在每年的 7、8、9 这三个月，同程旅游都会积极备战一年一度的国庆黄金周，国庆黄金周是旅游行业最重要的时期，订单量、营业收入、流量、投诉、服务等都是考验。所以对于旅游行业的研发人员来说，这是一个让人紧张的时刻：万一系统扛不住压力崩溃了，前 3 个月的紧张筹备就会功亏一篑。这也是一个振奋人心的时刻：如果系统顶住了压力，那么看着订单量和接待人次的不断攀升，所有的同程人都会激动和兴奋。

基础架构研发中心夏季会战启动大会

不过2015年似乎有些不同，值班的人数比以往少了很多，而且为期 7 天的国庆会战也没有出现服务器宕机的情况，也没有紧急上传和发布代码。今年值班为什么这么轻松呢？系统又是如何通过大考的呢？同程旅游的研发小伙伴们在 7、8、9 月究竟做了些什么筹备呢？

小白在这里先卖个关子，后面再讲他们是如何通过多方面改造系统来顺利通过国庆黄金周的考验的。

3.2 海量订单

在线旅游订单系统不仅要保证用户在网站下单支付成功，还要保证成功通知到第三方系统。比如用户在同程旅游订了机票，我们的系统也必须成功地通知航空公司出票，否则就可能出现用户来到机场却无飞机可坐的窘境，但是我们不能保证第三方商户所提供接口的性能或者可用性，如何很好地解决这个问题，对我们来说也是一个很大的挑战，特别是在国庆黄金周这个特殊时期。

即使用户已经下单成功，我们也要让系统在用户出游前向其推送一些注意事项，比如：景区门票的兑换地点；入住酒店和离店的时间；用户旅游目的地的天气信息等。在订单量如此巨大的情况下，及时并准确地将注意事项推送给用户也有不小的难度。

当有大量的用户在短时间内下单的时候，我们不仅要考虑自身系统的接单能力，还要考虑第三方系统的吞吐量，如果把第三方的接口弄崩溃了，则也会导致大量的下单失败。

在国庆期间，订单查询和修改的量非常大，用户入园、住店等都会打开同程旅游的App，查看“我的订单”进行操作，如果查询效率低下或者商家确认接口的效率低下，则都会导致用户无法顺利游玩。所以，对于海量订单的读写操作要求高效和稳定。

各个旅游景点在国庆期间都人满爆棚

最后，客服系统是同程旅游在国庆期间持续提供优质服务的基础。一旦同程旅游的线上系统有一些异常，第二个承担压力的系统肯定是客服系统，大量的用户会拨打客服热线或者在线联系客服，所以客服系统也必须承受住压力，保持稳定。

所以在2015年国庆期间对海量订单和高并发访问的处理，成为我们改造系统的两个重点。

3.3 大禹治水

大禹在治水时曾三过家门而不入。其实小白和他的同事们在 2015 年 5 月就开始准备国庆会战了，通宵达旦何止三次，为了保证 2015 年国庆的顺利度过，整个同程旅游的研发团队都付出了辛勤的汗水。

3.3.1 压力测试

小白进入同程旅游的前几年，并没有接触过压力测试，开发人员做完项目后，基本上是让测试人员用鼠标点几下，接着就部署上线了。性能的问题往往不会马上出现，一到节假日、周末或者进行大型推广活动时，服务就容易挂掉，这时小白和研发同事们就会奋战在第一线：回收应用程序，临时搬机器上架，杀死阻塞的进程，等等。

往事不堪回首，小白每次想到国庆期间的值班情形，都会夜不能寐。

之前，研发小伙伴小王在和腾讯合作开发一个新项目时，收获了一个“神器”：它是由腾讯的小伙伴用 Python 编写的一个 HTTP 压力测试软件，他们把它称作 Webtest。由于掌握“神器”技术的仅小王一人，所以大大小小的项目上线前，都会让小王做一次压力测试，小王瞬间感觉自己高大上了，而且效果立竿见影，一些性能实在烂得掉渣的项目会被打回去改善性能。

但是有些项目，就算通过了 Webtest 的性能测试，一旦进入生产环境中，在流量较大的时候还是会出现挂掉的情况。为此小白和小王百思不得其解，难道“神器”的效果不可信？直到 2014 年年底，胖波说：“性能测试不是简简单单的一个小工具就可以完成的，它是一个体系的工程，我们要建立一支团队专门来做这件事情。”于是，公司的组织架构里多出了这样一个部门，这个部门的名字就是“性能分析实验室”，后统称“性能分析团队”。

性能分析团队是一个全新的部门，一开始大家都不以为然，认为无非就是测试人员的一种，也就是在项目上线之前做做性能测试、过个场而已。

小白记得性能分析团队刚成立的时候，有一个新项目要上线，性能分析团队对其中的某个关键接口做了性能测试，结果这个接口仅有 20tps（每秒处理 20 个事务），这样的结果让所有人都目瞪口呆，只有 20tps，别说是达标了，这个性能连入门还没到，一旦系统上线后访问量稍大一些，它就无法正常提供服务了。

随着性能测试的不断展开和深入，一些原有的系统瓶颈也被逐渐找出，整个公司的研发人员也慢慢地开始接受性能测试了，无论项目有多紧急，在最终上线前都会把一些重要的页面或者接口交付给性能分析团队把关。

那么性能分析团队所用的利器和我们之前的压力测试软件到底有什么区别呢？小白缠着性能分析团队的光头团长问了好久，终于弄明白性能分析团队使用何种神器了。

性能分析团队也并没有什么神秘工具，他们只是做了一套完整的压力测试系统和性能检测系统，通过线上真实流量的回放和增强来实施压力测试，并通过全链路的性能监控系统进行性能瓶颈的分析。他们还利用了大数据分析引擎，将性能瓶颈点和代码片段进行挂钩。所以整个性能测试团队的一系列系统组成了他们使用的性能测试神器，他们也给它起了一个高大上的名字，叫“天锤系统”。

分布式性能压测平台

以往小白参与压测时只看最终的几项性能指标，比如响应时间、每秒处理的任务数等，并没有过多地关注被测服务的服务器在整个过程中的表现。性能分析组则通过全链路监控系统抓取到服务器及应用在测试期间的各个性能指标，然后通过引擎分析，再经过人工梳理，生成完整的压测报告。

例如，小白之前参与研发的一个内部 API 项目，其压力测试性能一直上不去，小白为此百思不得其解，反复审阅代码后还是无法提升性能。后来他们通过性能分析团队给出的压力测试报告，发现服务器在压测期间的磁盘 I/O 非常高，于是怀疑是日志组件导致性能不佳。在优化日志组件以后，整个 API 项目的性能便有了质的飞跃。

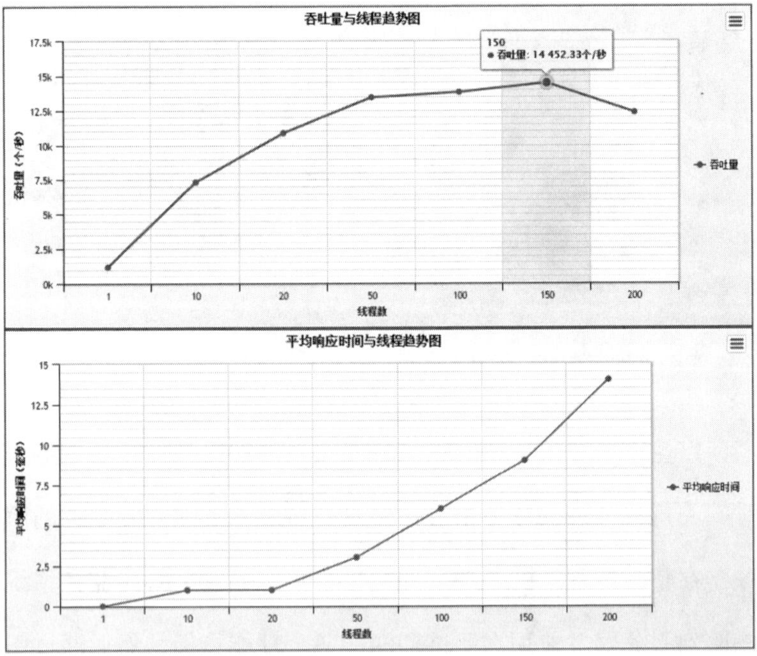

性能压测系统图

在国庆前夕，性能分析团队对各个重要的应用都进行了严格的性能测试，所以国庆黄金周的真正考验就不会令我们心里没谱了，因为我们的代码已经经过了千锤百炼，大家都有信心在国庆黄金周的压力下，应用不会因为性能问题而挂掉。

3.3.2 监控系统

在国庆黄金周期间非常大的流量的情况下，及时发现部分系统异常和预警是非常重要的。我们不仅需要宏观地监控流量、订单、机器可用率等重要数据，也需要掌控某个项目或者 URL 那样的精细化的出错情况。

要实时地把握整个系统的运行健康状态，我们就必须有一个由点及面的全方位实时监控报警系统。

小白和他的同事们梳理了一下，主要需要监控以下几个宏观数据。

（1）各个应用服务器硬件设备的使用情况。例如 CPU 使用率、内存使用率、网络流量、硬盘使用率等，保证各应用服务器有任何问题时都能及时报警和预警。

（2）整个网络的健康状态监控。确保一旦流量异常便能够第一时间发现，例如能及时处理交换机的相关故障。

（3）监控各个数据库的运行情况，由于数据库的特殊性和核心地位，我们必须第一时间优先处理数据库的异常，所以需要对慢查询、SQL 语句阻塞等做出快速处理。

（4）订单的增长趋势、环比和同比都能够非常清晰地呈现应用的整体健康状态，所以我们对各业务部门的订单趋势都做了严格的同比和环比监控。

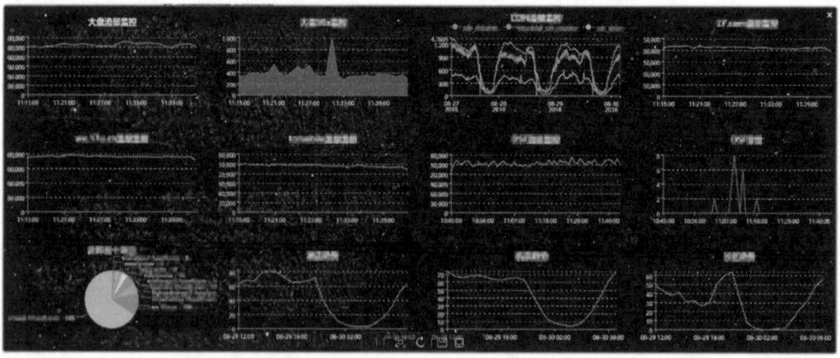

监控系统大盘

在确定了需要宏观监控的数据之后，小白和同事们又商量了需要对哪些细节进行监控。

（1）当某系统出现“5xx 错误”时，我们需要快速定位到触发此错误的 URL 和业务服务。

（2）应用系统打印的错误日志是排查问题的重要依据，所以如何快速地收集这些日志并展现出来，也是监控系统很重要的一部分。同时这部分日志每天的量会非常大，如何存储和快速检索是一个难点。

（3）对于运行在服务器上的应用程序，我们需要预警它的健康状态，比如此服务进程是否存在内存泄漏或者 CPU 使用率过高等问题。

整个监控系统的开发涉及的地方非常多，开发难度也异常大。我们编写了 ROBOT 运维自动化机器人，并将它预装在每台服务器上，它们可以实时采集服务器的运行状态，监控应用的健康情况，一旦有问题出现，运维自动化机器人还会根据既定的规则自动处理相关故障，从而实现大部分故障自愈的功能；同时，机器人会将这些信息发送给中心服务器，为监控系统提供基础数据。

数据库管理员还专门开发了一套数据库监控程序，实时监控各类数据库的运行情况，可以兼容 MySQL、MongoDB、Redis 等各种数据库。一旦有任何异常，也会将信息发送到中心服务器，并发出报警。

小白和他的同事们通过实时分析访问日志，就能够快速定位到底是哪个 URL 的什么样的请求导致了故障的发生，也能够分析出攻击的流量和响应时间过长的请求。当然，对访问日志的大数据进行实时分析和快速应对攻击是个不小的挑战。

同程旅游有上万个应用同时在线运行，每天产生的日志量是非常巨大的，如何收集并分析它们也成了一个难点。小白和他的同事们通过改造现有的 ELK 技术，成功应对了这个挑战。

监控系统的开发难度远远不止以上这些，小白和他的同事们最终克服了重重困难，上线了同程旅游的这套完整的监控系统。在国庆黄金周期间，这套监控系统不负众望，起到了非常重要的作用，让我们对整个虚拟战场了如指掌。

3.3.3 优化数据库

在小白优化过的系统案例中，对数据库的优化占了很大的比例，不是因为大家不会设计数据库或者设计不好，而是随着业务量的增加，数据库的优化是最有难度和富有挑战性的。

我们设想一下这样的场景：当业务量猛增时，我们的 Web 应用服务器从 1 台扩展到 4 台，再扩展到后面的 10 台，Web 应用服务器几乎可以说是无限扩展的，但是对于数据库来说就没那么简单了。

采用关系型数据库如 MySQL 时，我们一开始只有一台数据库服务器用来读写，之后流量压力增大，我们就需要部署一主一从甚至一主多从的配置了。但是当我们的数据量用单个数据库服务器节点无法存储，或者写入更新的操作导致主库无法承受的时候，主从这样的架构就会显得捉襟见肘，主库的 CPU 会频繁报警，同步延迟和查询队列会直线上升。

小白对这些数据库的优化思路很清晰，首先分析数据量是否超出单机的存储容量，如果数据量并不很大，但是查询很慢，则基本上是索引未命中的情况。小白的第一反应肯定是优化一些慢查询的索引，这样就算国庆期间的查询量暴涨，也不会导致数据库的 CPU 占用率过高。

对于写入过于频繁的情况，就需要区别对待了。首先看看能不能从业务层面进行拆库，比如，价格政策的变动比较频繁时，可以考虑把价格政策这部分单独拆分为一个新的数据库，从而不影响业务的其他表的写入操作。如果无法垂直拆分，就要考虑单数据表的水平拆分了。

对于单表的水平拆分，小白和同事们开发了一套兼容 MySQL 和 SQL Server 的数据库 Router（路由）代理服务，通过使用数据库 Router 可以很容易地把单表或者单库进行拆分，从而实现数据库的水平扩展。

另外，由于 MongoDB 这类 NoSQL 数据库天生具备集群功能，所以使用这类数据库的应用在数据库扩展方面就有先天的优势。其实大家完全不用担心，小白也搭建了不少 MongoDB 集群，小到 3 台的副本集，大到几十台拥有十几个分片的大集群，在小白手上都已经平稳运行了超过两年。

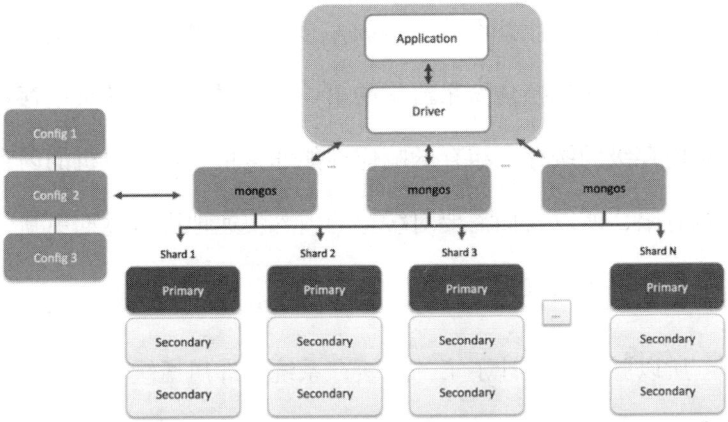

MongoDB 集群示意图

优化数据库是小白他们在每年国庆到来之前都必须要做的事情，因为在应对国庆期间增长的流量时，可以很容易地扩容应用服务器，但是当数据库在此期间遇到瓶颈时，恐怕很难在短时间内对其进行扩展，所以数据库的优化工作一定要放在前面。

3.3.4 优化缓存系统

对于一些可接受一定的延迟变动的数据，就需要缓存它们了，哪怕只有 1 分钟的缓存，也能扛住爆发式的流量，可以保证后端的应用服务器乃至数据库的正常运行。

同程技术故事

胖波为线上业务设计了多级多套缓存，最前端的是整页面缓存，它形成了挡住海量流量的第一道防线。由于整页缓存系统是内存级的缓存，缓存的响应性能非常快，但是单机的内存毕竟有限，所以我们需要对缓存的内容快速地进行过期更新，避免缓存一些脏数据。

所以胖波又设计了第二道缓存系统，即凤凰缓存集群。由于我们的缓存应用都进行了 Docker 容器化，所以扩容整个集群也非常快速和方便。另外，通过我们研发的 Proxy 代理服务，可以让开发人员连接整个缓存集群就像连接单台缓存服务器那么简单，完全不用关心自己的数据最终会存储在哪个缓存数据库的分片上。至此，整个凤凰缓存集群就组成了同程旅游的第二道缓存系统。

同程旅游自从引入了 Docker 容器化应用之后，

便大大减少了购买服务器的费用支出

大部分应用通过这两道缓存系统基本上能保证受到的流量冲击很小。但是，胖波又为一些特殊情况设计了第三道缓存，即分布式数据缓存集群。

对缓存的优化是针对爆发式流量的非常有效的方法，它保证了系统在爆发式流量到来的时候不至于崩溃，是奋战在流量第一线的前锋。

3.4 坚如磐石

国庆期间，基础设施是万万不能出问题的，它就像摩天大楼的地基，地基一旦不稳，上面的应用做得再漂亮也是徒劳的。任何基础设施都必须至少做到一主一备，有的甚至需要准备多个备份，一些常用备件如硬盘、内存等都需要长期备货。

小白回想起某次机房的某个机柜的交换机电源损坏，导致整个机柜断网的事情，仍然心有余悸，因为在那个机柜中有他负责运维的一套基础服务系统。

事情发生的原因非常简单，就是交换机电源没有做冗余，但是碰巧当天交换机电源烧毁。大家从来没有遇到过这种情况，所以一时半会儿也没有备件可以使用，于是机房的同事急忙去购买适配器，这才恢复了机柜的网络。由于整个机柜只有一个交换机，所以故障持续的时间较长。

大家在这次事件中吸取了一个教训，就是交换机要备份，电源要做冗余。既然增加了一个交换机，对应连接到机器上的网线也就多了一条，运维人员的工作也会相应增加不少：需要对网卡做绑定，根据机器所需的业务场景使用主备或负载平衡模式。

就在大家觉得这件事已经结束的时候，一次机房故障又把小白从睡梦中惊醒。整个机柜又断网了，这是怎么回事？不是已经做了主备冗余了吗？为什么还会出现这种故障呢？事后追溯原因，原来是机房供电线路中有一路出现故障，导致交换机断电从而引起断网。奇怪了，电源不是做了冗余了吗？为什么会断电？经排查后发现，在接入机房电源时没有注意电线的来源标识，导致主备交换机电源接入了同一路供电线路，这真的是一个低级错误！小白他们赶紧排查了所有交换机的供电配置，避免这类错误再次发生。

以上都是机房日常工作的一段插曲，那么对于如何保障国庆期间基础设施更高的可用性，就要从更多的方面来进行优化。

鸡蛋要不要放在同一个篮子里？在大多数情况下我们选择分开放，但是在某些场景下就需要考虑将鸡蛋放在一起。在机柜中，交换机的出口带宽是有限的，当机柜中存在需要占用大量跨机柜带宽流量的应用时，这部分应用对机柜的出口带宽造成独占，就极有可能导致其他同机柜的应用无法正常提供服务等一系列问题。

我们可以将一些内部流量较大的应用合并机柜，在现有的条件下尽可能地让各系统之间的流量影响减小到最低。

例如在数据分析集群中，后续会有一些节点扩充、分散在不同的机柜中，导致跨机柜的流量较大，在合并这些机器到同一机柜之后，就能大大减轻跨机柜的流量负载。

同程旅游也是有多个机房部署的，机房之间使用专线连接，专线也是有带宽瓶颈的，所以采用同样的思路，将跨机房的流量较大的应用进行机房之间的迁移，通过梳理各机房内的网络拓扑，及时发现带宽瓶颈，进行交换机升级或堆叠等来提高带宽。

胖波还对现有的系统架构进行了观察，发现按照使用的资源类型进行划分，可以将系统划分为三大类型：I/O 密集型、计算密集型和数据密集型。不同的系统类型可直接反映对应的系统瓶颈。

在实际环境中，胖波发现随着业务量的增长，系统一般最先出现的瓶颈是 I/O。I/O 问题主要体现在高并发和存储介质的读写方面。随着业务逻辑的复杂化，紧接着出现的瓶颈就是计算，也就是常说的 CPU 空闲资源不足，在出现计算瓶颈的时候，一般会用水平扩展和硬件升级两种办法。最后，应用随着数据量的增长出现的瓶颈则是内存。

针对以上几个瓶颈点，胖波分析了各项目的应用压力及业务逻辑，对于无状态的高负载服务进行水平扩容和增加机器的数量。对于难以水平扩展的，尽量进行硬件升级，更换型号更高端的服务器。

在系统水平扩展之后，需要考虑的就是前端的负载能力。这时应该排查系统，将一些单点的负载均衡服务器扩容为主备模式，避免出现单点问题。

水平扩展完之后，考虑具体的硬件升级时，有以下考虑。

（1）针对部分数据库，将硬盘升级为 SSD，这是提升性能最简单、粗暴的方式。

（2）针对 MongoDB 服务器进行内存扩容；针对日志服务器扩充网卡、增加带宽。

（3）将一些重要的数据库服务器的网卡升级为万兆网卡。

（4）趁机将一些混乱的机柜走线重新梳理，让机房的运维人员不用再对着一堆杂乱的走线感到困扰。

经梳理后的机房走线（1）

经梳理后的机房走线（2）

不光对硬件进行了扩容，胖波还让同程旅游的部分应用也跑在公有云上，这样可以快速地根据流量的变化，进行应用的弹性扩展。

在采取了如此多的手段进行基础设施保障后，小白他们当然对这次国庆会战信心十足了。

第 4 章

分布式中间件

同程旅游拥有许许多多的研发团队，有机票研发团队、景区门票研发团队，等等。但是，有那么一些研发团队，他们是为研发团队而研发的，他们就是同程旅游的基础研发团队，他们所研发的产品的客户就是同程旅游的研发团队，他们为同程旅游的研发团队提供各类研发工具，就像军工厂那样，为一线的士兵建造枪支装备，有了这些，一线的士兵才能披荆斩棘、屡战屡胜。

第4章
分布式中间件

4.1 一个特别的负载

小白对 Nginx 非常熟悉，作为运维人员的小白，时常通过后台对同程旅游的 Nginx 进行调整。比如，今天来了一个需求说要调整几台机器上线，明天来了个需求说要变更服务器的 IP，等等，所有这些都需要小白在后台动态地调整 Nginx 配置以实现。

Nginx 可以说是目前最流行的 HTTP 反向代理服务器，它因稳定性、丰富的功能集、示例配置文件和低系统资源的消耗而闻名，所以各大互联网公司都会使用 Nginx 作为自己的 HTTP 服务器。

同程旅游的中间件团队也利用 Nginx 的一个开源产品 OpenResty，编写了一个带有复杂功能的 HTTP 负载服务。OpenResty 本身也是 Nginx 的 Web 服务器，它可以使用 Lua 脚本为 Nginx 服务器提供更加丰富的逻辑功能。

Nginx 本身由 C 语言编写，如果需要增加一些业务逻辑，比如我们想让 Nginx 增加一个防护爬虫的功能，就需要重新将 Nginx 编译后启动；如果需要修改一些防御的策略和逻辑，则每次也需要重新编译 Nginx。但是使用 Lua 这门胶水语言给 Nginx 添加逻辑功能后，是不需要重新编译 Nginx 的，因为 Lua 是脚本语言，所以只需要在每次修改 Lua 脚本之后，进行上传并软重启 Nginx，就可以使修改生效了。

OpenResty 是一个基于 Nginx 与 Lua 的高性能 Web 平台，其内部集成了大量精良的 Lua 库、第三方模块及大多数依赖项，通过它可以方便地搭建能够处理超高并发、扩展性极强的动态 Web 应用、Web 服务和动态网关。OpenResty 通过汇聚各种设计精良的 Nginx 模块（主要由 OpenResty 团队自主开发），将 Nginx 有效地变成一个强大的通用 Web 应用平台。这样，Web 开发人员和系统工程师就可以使用 Lua 脚本语言调动 Nginx 支持的各种 C 及 Lua 模块，快速构造足以胜任 10K（1 万）乃至 1000K（10 万）以上单机并发连接的高性能 Web 应用系统。

OpenResty 的目标是让 Web 服务直接跑在 Nginx 服务的内部，充分利用 Nginx 的非阻塞 I/O 模型，不仅对 HTTP 客户端的请求，甚至对远程后端如 MySQL、PostgreSQL、Memcached 及 Redis 等都进行一致的高性能响应。

高性能 Web 服务器 OpenResty

小白也是第一次听说 OpenResty，当同程旅游的基础研发团队进行 OpenResty 培训时，小白也好奇地去听了。他在培训会上了解到 OpenResty 的强大，知道了基础研发团队选用 OpenResty 做了很多原来单纯使用 Nginx 没法做到的事情。

1. 灵活的缓存

OpenResty 可以在单机进程中共享内存，所以使用 Lua 脚本可以很容易实现第一道内存缓存，性能非常好，而且对于过期数据的清理，也有对应 Lua 脚本的 API 可以调用。经过压力分析组的测试，我们一般采购 24 核 CPU 的 Web 服务器，单机响应的页面缓存吞吐率可达 5 万 qps（每秒处理事务数），线上运行的单机 OpenResty 缓存服务器的日均 PV 数上亿，完全没有问题。

2. IP 黑白名单和防抓取

网络爬虫其实很讨厌，它会爬取我们的业务员辛辛苦苦整理的旅游线路资源和敏感的价格信息，甚至有依靠网络爬虫来进行恶意攻击的行为。如果只是简单地将 IP 的访问频率加以限制，则虽然可以有效地防御一部分爬虫，但是由于目前手机用户数量的增加，很多省公网出口的 IP 会有大量的手机用户访问，所以这个简单的 IP 访问限制可能会错误地拦截很多手机用户。

如何通过有限的信息给用户打上唯一的标识，就显得非常重要了。我们主要通过 IP、userAgent 再配合其他一些信息，使用 Lua 脚本给用户打上了唯一的标识，我们称之为“用户指纹”。这样从限制 IP 的访问频率到限制“用户指纹”的访问频率，就可以很有效地抵御爬虫的抓取了。同时我们会记录用户的访问日志，通过实时分布式分析同一个 IP 生成的各种“用户指纹”的访问方式，来确定是否有爬虫行为，一旦发现有爬虫行为，就会马上进行拦截。

3. 防 XSS 和 SQL 注入

对于 7 层应用的防护，Lua 脚本也能发挥一定的作用。Lua 可以对用户发送过来的参数和内容进行一轮检查，过滤其中可能存在的 XSS 和 SQL 注入的攻击，让后端的应用程序更加安全。当然，不用对所有的请求都进行检查，因为检查肯定是对性能有损耗的，所以我们只会针对需要进行安全检查的接口进行防护。

4. 高可用兜底保障

对于一些需要高保障的接口或者页面，对外是严禁出现白页面的。俗话说：“有总比没有好”，所以我们利用 Lua 的缓存功能制定了一份兜底方案，即当我们的应用服务器返回异常的时候，Lua 会使用最近的一份正确的缓存返回给客户，进行最后的兜底，同时会报警给开发人员，避免了重要页面或接口出现开天窗的尴尬。

5. 秒杀排队

我们的业务部门每天都会上线各种各样的秒杀活动，比如1元买门票、10元度周末这样的超值产品，这类产品的数量往往有限，大多通过整点秒杀的方式进行售卖。但是这样就可能导致上万名用户在很短的时间内同时抢购同一件商品。Nginx天生具备抗住大并发的能力，所以我们用Lua实现了一套限制流量的功能，让Nginx把大部分并发的流量挡在门外，只放过后端应用服务器能够承受的一小部分秒杀流量，这样就无须为大量的并发对后端应用服务器做复杂的设计了，同时保证了数据库的正常运行。

6. 恶意IP拦截

我们还会使用Lua连接由安全部门提供的恶意IP数据库，能够实时拦截一些恶意攻击或者撞库的IP地址，保证接口的安全。这个恶意IP库由多种渠道产生，每天会实时更新，把过期的恶意IP去掉，新增一些恶意IP。通过这种方式，我们能够过滤掉一大部分恶意IP的攻击。

7. IP 城市定位

很多业务场景需要根据来访客户的 IP 地理位置来个性化地展现一些内容，比如针对来自北京的客户，我们就需要展现从北京出发的旅游线路及北京的周边自由行线路。所以我们使用 Lua 统一做这个功能，直接根据用户的 IP 定位用户的城市、省份和网络供应商信息，方便应用在后端获取这部分信息，并进行个性化展现。

8. 动态负载

通过 Lua 脚本，我们实现了动态扩容来增加负载，当应用需要扩容或者缩容的时候，只需要调用 Lua 提供的 API，配合运维自动化系统（以下简称“运维系统”），就可以实时地动态扩容和缩容。比如在国庆期间，运维系统发现应用 A 的负载过高，于是运维系统自动增加了两个 Docker 容器为应用 A 承担压力。当 Docker 容器成功启动后，运维系统会认为这两个 Docker 容器可以投入生产并使用了，这时运维系统就会通过调用 Lua 提供的 API 将这两个 Docker 容器动态地加入负载中。当国庆过去之后，压力会慢慢变小，运维系统又会调用 API，去缩容和回收这两个 Docker 容器。

听完培训的内容后，小白对基础研发团队更加崇拜了，原来利用自己熟悉的 Nginx 可以玩出这么多的花样。

4.2 缓存之凤凰涅槃

4.2.1 希望的曙光

2011—2012 年，中国手机界出现了一种新的互联网销售模式——秒杀抢购，一时间，全国各地的互联网公司纷纷开始效仿，今天你秒杀电影票，明天我秒杀电冰箱，等等。2012 年淘宝双 11 的单日销售额居然达到了 191 亿元人民币，是 2011 年同期的 3 倍多，其中，秒杀活动更是轮番登场，大家在不亦乐乎地玩着秒杀的同时，也渐渐地把钱包掏空。

小白其实也算半个秒杀粉，每当有秒杀活动时，都会时不时地去凑个热闹。小白听研发好友小王说，同程旅游也要大力发展热门商品的秒杀活动。经过小王他们夜以继日地开发，酒店、景区门票的热门商品秒杀抢购活动很快就上线了。

但是上线后不久，大家就渐渐发现不对劲了：只要秒杀抢购一开始，页面卡顿、打不开的故障就会此起彼伏。大家都急得直跳脚，小白凭借多年的运维经验很快就定位到了问题的所在：抢购太耗费资源了，在同一时间段内涌入的人数大大超过了服务器的负载，服务器根本承受不了，CPU 占用率很多都接近了 100%，请求的积压也很严重。

问题是发现了，解决起来却没那么简单。Web 应用服务的问题还好解决，多增加机器就可以了，但数据库的问题就不能简单地靠增加机器来解决了。大部分关系型数据库没有真正的分布式解决方案，最多也就做一个主从分离，多加从库，但就算这样，数据库也很快就扛不住了，别说每秒几千的并发了，只要每秒上百就开始堵塞。大家没办法，只好拼命提升服务器的硬件性能，换最好的 CPU，把硬盘换成 SSD，但效果还是不太显著。

于是，小白和小王开始寻找新的解决方案，小白在开源社区的论坛上发现了当时缓存界的明星产品如 Redis 等 NoSQL 数据库，这些 NoSQL 数据库提供了丰富的数据类型，拥有原子性操作和强大的并发性能等特性，简直就是为抢购量身定做的神器。通过原子性操作，可以精准地控制库存，不会出现超出抢购库存的超卖情况。同时，它们提供了每秒数万的 qps，来再多的订单也不用担心。

所有数据在抢购活动开始前被先放到 NoSQL 数据库里，产生的订单数据先被放到队列中，然后通过队列慢慢消化……这一系列操作解决了抢购的问题。

小白马上建议研发团队使用 Redis 作为抢购活动的临时存储数据库，效果当然也是立竿见影的。在小范围测试了 Redis 数据库的可行性后，已经是研发牛人的小王整理出了在抢购中使用 Redis 的一系列方案并开始推广和培训，让 Redis 在平时的后端服务和页面前端大规模使用，以减轻数据库服务器的压力。

4.2.2 运维人员头大了

在运维人员看来，Redis 的部署是很简单的，通过 yum 命令安装及配置文件就可以轻松部署完毕，再加上 Redis 的单进程、单线程特性，其稳定性也非常好（到目前为止，同程旅游的 Redis 还没有崩溃过，除非被类似 keys *的指令堵塞）。在这样的情况下，看着研发兄弟们这么迫切的缓存需求，还有啥可说的，直接上吧。在短短半年内，Redis 数据库实例部署了接近上千个，但是大家都没想到，问题刚刚开始出现。

研发人员 A：“Redis 为啥不能访问了？”

小白：“刚刚服务器内存坏了，服务器自动重启了。”

研发人员 B：“为什么 Redis 延迟这么久？”

小白：“大哥，不要在 Zset 里面放几万条数据，插入排序的后果很严重啊！”

研发人员 C：“我写进去的 key 呢，为什么不见了？”

小白：“你的 Redis 超过最大大小了，不常用的 key 都丢了呀！”

研发人员 D：“刚刚为啥读取全部失败了？”

小白：“刚刚网络临时中断了一下，slave 全同步了，在全同步完成之前，slave 的读取全部失败。”

研发人员 E：“我刚刚想到一个好主意，我需要 800GB 的

Redis，什么时候能准备好呢？”

小白：“大哥，我们线上的服务器最大也就 256GB，不能玩这么大啊!”

一个个问题纷至沓来，小白每天疲于奔命地解决这些问题，但是保存在内存数据库里面的数据太脆弱了，一不小心就全部消失了。为此，小白绞尽脑汁，想了很多种办法。

- 单机不是不安全么？那么小白就开启主从+Keepalived，用虚 IP 地址在 master 和 slave 两边漂移，master 挂了直接切换到 slave。
- 数据放内存不是不安全么？小白想可以开启数据落盘，根据业务需要决定落盘规则，有 AOF 的，也有 RDB 的。
- 使用上不是有问题么？那么多开几场培训，跟大家讲讲 Redis 的用法和规范。

以上策略完美吗？坚持了不到 3 个月，以上策略均宣告失败。

主从+Keepalived 本来是种很好的方案，但是小白忽略了主数据节点挂掉的原因。我们在前面说过，Redis 的单进程、单线程设计是其简单和稳定的基石，只要不是服务器发生了故障，在一般情况下是不会挂的。但同时，单进程、单线程的设计会导致 Redis 接收到复杂指令时会忙于计算而停止响应，可能就因为一个 zset 或者 keys 之类的指令，Redis 的计算时间稍长，Keepalived 就认为其停止了响应，直接更改虚 IP 的指向，然后做一次主从切换。过不了多久，zset 和 keys 之类的指令又会从客户端发送过来，于是从机上又开始堵塞，Keepalived 就一直在主机和从机之间不断地切换 IP。终于主节点和从节点都堵了，Keepalived 发现后，居然直接将虚 IP 释放了，然后所有的客户端都无法连接 Redis 了，只能等小白等运维人员到线上手工绑定才行。

数据落盘也引起了很大的问题，RDB 属于非阻塞式的持久化，它会创建一个子进程来专门把内存中的数据写入 RDB 文件里，同时主进程可以处理来自客户端的命令请求。但子进程基本上是复制自父进程的，这相当于两个相同大小的 Redis 进程在系统上运行，会造成内存使用率的大幅增加。如果在服务器内存本身就比较紧张的情况下再进行 RDB 配置，内存占用率就会很容易达到 100%，继而开启虚拟内存和进行磁盘交换，整个 Redis 的服务性能就会直线下降。

另外，在培训的过程中，Zset、发布订阅、消息队列、Redis 的各种功能不断被介绍，大家从来没想过一个小小的 Redis 还有这么多新奇的功能。在手上有锤子的时候，看什么都是钉子，渐渐地淡忘了开发规范，新奇的功能却接连不断地出现了：基于 Redis 的分布式锁、日志系统、消息队列、数据清洗，等等，各种各样的功能不断上线，从而引发了各种各样的问题。小白他们四处救火，到处处理 Redis 堵塞、网卡打爆、连接数爆表等问题，小白终于又开始每天连续不断地做噩梦了。

4.2.3 真正的麻烦来了

某年的夏天到了，炎热的天气也引爆了 Redis 埋藏已久的大炸弹。

首先是酒店方面，酒店的研发人员搭建了一套庞大的存储系统，底层是关系型数据库，只用来处理一些事务性的操作；在关系型数据库的上面还有一套 MongoDB，因为 MongoDB 的并发量和 Redis 相比还是逊色不少，所以他们又在 MongoDB 上搭建了一层缓存，这样就形成了数据库→MongoDB→Redis 三级的方式。由于数据量巨大，酒店研发人员需要 150GB 的 Redis。

大家都傻眼了，小白说："我们现有的服务器内存插槽插满也才 128GB，这可怎么办？"胖波见状，直接一咬牙，买！很快，256GB 的 Redis 服务器到货，一通安装后终于跑了起来。但是在大家还没松口气的时候，酒店的 MongoDB 由于系统内核版本的问题，整个 Mongodb 集群挂了！身兼数职的小白又开始手忙脚乱地解决酒店的 MongoDB 问题。

这时大家的目光都聚焦到 Redis 这边，理由很简单：此时 Redis 绝对不能出任何问题，一旦出问题，所有请求会立即全部打向关系型数据库，数据库瞬间就会瘫痪。

小白他们在这段时间都很紧张，有事没事就去看看 Redis 的状况。终于，在某天下午，状况出现了：主从 Redis 之间的网络出现了一点小问题，主从同步失败。Redis 一旦同步失败，就会直接开启全同步，于是 150GB 的 Redis 瞬间开始了主从同步，网卡瞬间打满了。为了保证 Redis 能够继续提供服务，胖波当机立断，让小白直接关掉从机，这样就不存在主从同步的情况，网卡流量也就下来了。但是，主从的备份变成了单机，大家的心又悬了起来，可千万别出事啊。

俗话说，福无双至，祸不单行。第二天，酒店的 Redis 并发操作量每秒增加到三万多，AOF 和 RDB 库明显扛不住了。同样，为了保证 Redis 能持续地提供服务，胖波再次拍板，让小白关掉了 AOF 和 RDB 的数据持久化方式，这下可好，连最后的保护也没有了（其实这个保护也没用了，RDB 库根本恢复不了 150GB 的 Redis）。

至此，酒店的 Redis 数据库变成了完全的单机内存型，大家除了祈祷这个 Redis 不要挂，已经没有任何方法了。这件事情悬了好久，直到小白完全修复了 MongoDB 集群，大家才松了一口气。抱着如此侥幸的心理，大家心里都不踏实，总觉得该来的还是会来的。结果，第二件大事很快就来了。

同程技术故事

研发部门有个小伙伴用 Redis 做了一套日志系统，将日志数据先存储到 Redis 里面，再通过其他程序读取数据并进行分析和计算，用来做数据报表。他在做完这个项目之后，开始在本部门推广这个日志组件。

大家都觉得他的做法不错：可以轻松地记录日志，分析起来也挺快，还要什么 ELK 啊。于是大家决定直接将其封装成一个标准的日志记录组件。过了一段时间，随着组织架构的变化，这个组件逐渐流转到同程旅游研发的各个部门，使用的人数也越来越多了。

这时危机已经潜伏，这个 Redis 上已经悄悄地挂载了 6000 多个客户端，每秒的并发量接近 4 万，系统内的单核 CPU 占用率也接近 100%了，此时这个 Redis 已经开始不堪重负了。

终于，压死骆驼的最后一根稻草来了，某业务部门的研发小伙伴向 Redis 里塞入了一条 7MB 的日志，于是 Redis 堵死了。

是的，没有搞错，Redis 真的堵死了，堵死了！这个 Redis 一旦堵死，6000 多个客户端就全部无法连接了，所有日志记录的操作全部失败。

其实日志记录失败本身应该不至于影响线上业务，但是由于对这个日志的组件一开始并没有很好地设计容错，所以在日志记录的地方抛出异常，结果全公司相当一部分的业务系统都出现了故障，监控系统中“5XX”的错误直线上升，小白欲哭无泪，顶着巨大的压力排查问题，但是由于受灾面实在太广，排查的难度非常大。

在那段时间里，小白和他的兄弟们承受了各种故障的狂轰滥炸：

- Redis 被 keys 命令堵塞了；
- Keepalived 切换虚 IP 失败，虚 IP 被释放了；
- 用 Redis 做计算了,Redis 的 CPU 占用率成了 100%了；
- 主从同步失败了；
- Redis 客户端连接数爆了；
- ……

4.2.4 给高速奔跑的汽车换轮胎

很快就到国庆期间了，怎么办？小白的心里很沉重："难道我把一颗定时炸弹带到同程旅游的研发过程中了？"他有时甚至开始自责。

问题出现后总需要解决，考虑再三后，胖波放话了：两个月，在国庆到来前，必须解决目前的问题。针对怎么解决，胖波说了以下几点：

（1）必须搭建完善的监控系统，在这之前要先预警，不能等到研发人员跑过来，我们才发现问题；

（2）控制和引导 Redis 的使用，我们需要有自己研发的 Redis 客户端，在使用端就开始控制和引导；

（3）Redis 的角色要改，将 Redis 由 storage 角色降低为 cache 角色；

（4）Redis 的高可用方案要按照场景划分，根据不同的场景决定采用不同的高可用方案。

留给基础研发人员的时间不多了，他们只有两个月来完成这些事情。于是同程旅游的基础研发团队快速成立了缓存组，基础研发团队的几个兄弟负责完成这些工作，大家热火朝天地干了起来。

首先是监控系统。原有的 Redis 没有监控系统，那么在国庆到来前必须搭建一个。在参考了开源的 Redis-live、Redis-stat 等监控工具后，缓存组自己搭建了一个监控平台，这样就解决了无法监控的问题。

其次是改造 Redis 客户端。老版本的 Redis 客户端是.net 下的 BookSleeve 和 servicestack.Redis，前者已经好久没人维护了，后者直接收费了。好吧，缓存组自己开发了一个客户端，然后督促全公司的研发人员用它来替换目前正在使用的客户端。在这个客户端里面，他们植入了日志记录，记录了代码对 Redis 的所有操作事件，例如耗时、key、value 大小、网络断开等，他们将这些有问题的事件在后台进行收集，由一个收集程序进行分析和处理，同时取消了直接的 IP 端口连接方式，通过一个配置中心分配 IP 地址和端口。当 Redis 发生问题并需要切换时，直接在配置中心修改，由配置中心推送新的配置到客户端，这样就免去了 Redis 切换时需要业务员修改配置文件的麻烦。另外，他们把 Redis 的命令操作拆分成两部分：安全的命令和不安全的命令。对于安全的命令可以直接使用，对于不安全的命令需要架构师分析和审批后才能打开，这也是由配置中心控制的，这样就解决了研发人员使用 Redis 时的规范问题，并且将 Redis 定位为缓存角色，除非有特殊需求，否则一律以缓存角色对待。

最后，缓存组对 Redis 的部署方式也进行了修改，以前是 Keepalived 的方式，现在换成了主从+哨兵的模式。另外，他们自己实现了 Redis 的分片，如果业务需要申请大容量的 Redis 数据库，他们就会把 Redis 拆分成多片，通过 Hash 算法均衡每片的大小。

小白记得，基础研发团队还开发了一个 RedisProxy，提供统一的入口点，RedisProxy 可以多份部署，客户端无论连接的是哪个 RedisProxy，都能取得完整的集群数据，这样就基本完成了按场景选择不同的部署方式的问题。因为小白的运维系统是使用 Python 开发的，也需要用到 Redis，所以小白为此特意请教了 RedisProxy 的研发团队，得到的结论是：实现了 Redis 连接协议的客户端都可以连上 RedisProxy，跟语言无关。小白也开开心心地用了一把分布式 Redis 服务。

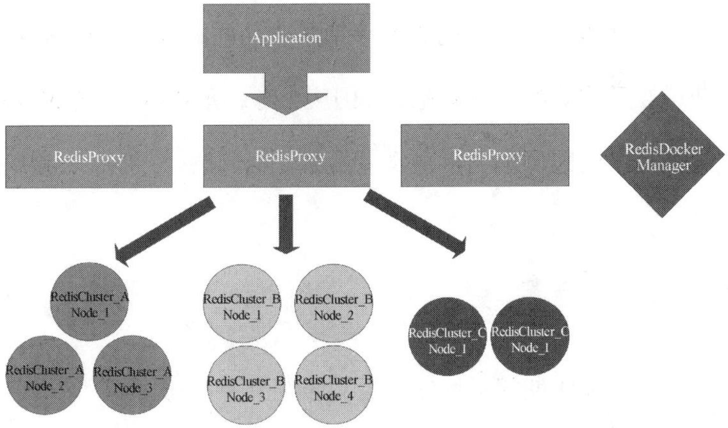

RedisProxy 系统架构图

胖波强调：“**以上这些改造都需要在不影响业务的情况下进行。**”

但是，实现这个其实还是有不小的挑战的，特别是分片，将一个 Redis 拆分成多个，还能让客户端正确找到所需要的 key，这需要人们非常小心，因为稍有不慎，内存的数据就全部消失了。在这段时间里，缓存组开发了多种同步工具，几乎把 Redis 的主从协议整个实现了一遍，终于可以将 Redis 平滑过渡到新的模式上了。

大家手忙脚乱地，终于在国庆到来前，将这些事情全部搞定，然后怀着惴惴不安的心情等待国庆期间的考验。小白也非常期待经过改造的 Redis 能通过国庆大考，所幸 Redis 这次平稳度过了整个国庆期间，再也没有发生任何问题。

4.2.5 凤凰涅槃

系统在国庆期间平稳度过后，胖波说："国庆的考验，证明了我们的整体思路是对的，现在我们该大张旗鼓地完成整套 Redis 体系架构了"。基础研发团队为整个 Redis 体系结构准备了一个开发代号，叫凤凰，其中的含义很明显：之前的 Redis 总是死掉，现在的 Redis 是不死的，就像凤凰一样。

他们决定基于 Docker 将目前的缓存系统改造成一个云缓存系统，任何项目都可以接入这个云缓存系统，并从里面获取资源。研发人员只需申请一个缓存，并且给这个缓存起个独一无二的名字，就能正常使用了，不需要知道缓存的具体位置，也不需要知道缓存的具体大小，更不需要关注具体的流量，一切都交给云来管理。

缓存组改造了之前开发的监控系统，将其改造为一个云监控系统，这个系统会不断收集整个云环境中的服务器和 Redis 的相关信息，根据具体的阈值报警，报警被接入短信和微信，也会在整个监控大盘中显示。

缓存组还研发了一个云调度系统，这个系统会不断地分析前面提到的监控系统搜集到的数据，对整个云进行微调：Redis 的用量大了，会自动扩容；扩容空间不够了，会自动分片；网络流量大了，也会自动负载均衡。以前的 Redis 固定在一台服务器上，现在的 Redis 通过我们开发的同步工具，在各个服务器中流转，而每个 Redis 都很小，不会超过 8GB。备份和处理都不再是难事，现在要做的只是往这个集群里面注册一台机器，注册完之后，监控系统就会启动并获取监控信息，调度系统就会根据监控数据决定要不要在新机器上建立 Redis，以及能建立多大的。

另外，在整个云系统的接口处，还提供了大量的RedisProxy，这些Proxy完全实现了Redis的协议。大家可以把这些Proxy当作真实的Redis来使用，这样不管是什么语言及客户端，都能接入这个云系统。

最后，缓存组把Redis的集群模式3.0纳入整个体系里，替代了他们之前研发的分片技术，这样在迁移 Redis 时就更方便了，原生的Redis命令可以保证更好的稳定性。

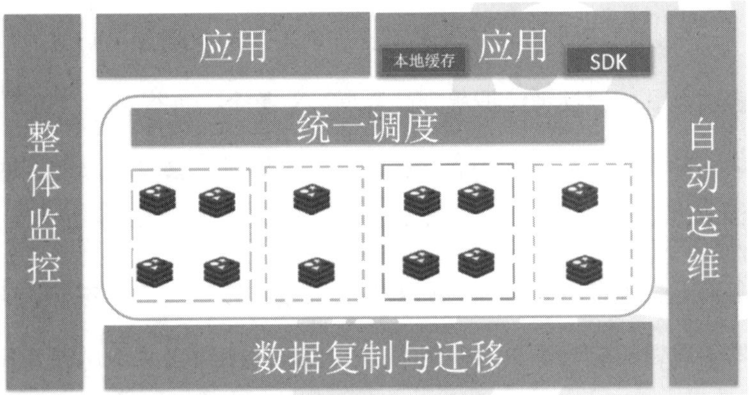

凤凰系统架构图

同时，之前和研发人员做的大量的培训和案例介绍也慢慢地开始发挥作用，大家开始思考 Redis 在自身架构中的使用，不会再不假思索地一股脑整上去了。

这个凤凰系统在 2016 年年初正式宣告完成并上线，到目前为止，在整个凤凰系统上运行着上千个 Redis、上百 TB 的内存。从申请到销毁，所有过程都由凤凰系统自动化完成，不需要人们参与其中。

小白在凤凰系统上线后，几乎就没有处理过 Redis 的故障了，小白心里可是对凤凰系统真的膜拜得五体投地了，曾经让小白焦头烂额的 Redis 如今已经被凤凰系统驯服得服服帖帖。

凤凰系统每天会将异常的信息实时发送给各个项目的负责人，并自动处理绝大多数异常，对于少部分无法判定的问题或者异常会通知人来做具体的判定和操作。

访问总数这三个指标，用户可以对主域名、子域名甚至精确的URL 设定这三个指标的上限和下限，当实时数据统计显示这三个指标于某一时刻超过设定的上限或低于设定的下限时，就会发出报警。

AccessView 还提供了数据统计查询的 RESTful API，开发人员可以调用这些 API 来查询更多的访问信息，快速还原报警发生时的环境，为报警的原因分析提供了可靠、及时的数据支持。小白所在的运维小组，也广泛使用了 AccessView 的 RESTful API，作为他们监控应用系统的辅助手段。

但是，在使用 AccessView 起初的一段时间内一切很正常，最近小白一直会收到一些错误的报警，这是怎么回事呢？原来，小白定义的三大指标的上限或下限会随着公司的业务发展而不停地变化。举个例子，小白所设定的监控 API 的访问量在上个月是每分钟几十万次，但是在本月这个 API 每分钟的访问量直接突破了上百万次了，这就直接导致了设定的阈值频频被突破，不正确的报警就会经常出现，需要不断地调整阈值。

针对这个问题，胖波建议把 AccessView 的阈值跟机器学习

4.3 错综复杂的数据库

随着业务量的增加，大家对数据库的使用量激增，以前一张表就可以搞定的事情，现在搞不定了。有时小白会在半夜接到研发人员的电话，说是数据库挂了，小白只好硬着头皮起床去处理故障，这时别人都在安睡，只有小白在和故障做斗争。这种情况在节假日会更加突出，小白整天提心吊胆的，头发都要白了，怎么办？

其实各个应用都是数据库的重度依赖者，一旦数据库有任何异常，应用系统一般都会瘫痪。有些复杂低效的 SQL 语句会拖慢整个数据库，大家都开玩笑地说："你的 SQL 语句有两米长了！"

某次全国性大型技术交流会上，小白和其他公司同行沟通时，听说有人把数据库拆成了很多份，可以自动地做数据表的水平拆分。小白心想：这么高大上的工具我们能不能有呢？

第 4 章
分布式中间件

小白回到公司后，正好听到胖波在说要做一个数据层的中间件。说干就干，同程旅游的基础研发团队里多出了一个新团队，他们专门开发同程旅游的数据库中间件，称之为 CRDB。起初团队就一个人，干得貌似很起劲，但是到底行不行呢？小白心里也没底，就去打听情况。

原来，相关的工具在业内早就有了，最早的当属 MySQL Proxy。MySQL Proxy 顶着 MySQL 的光环出场，却只能做读写分离，而且自身的问题很多，渐渐地被大家遗忘了。不过这却开启了一扇通往数据治理的大门。BAT 等公司都做出了自己的数据库中间件。阿里巴巴的数据库中间件有 Cobar、TDDL，360 公司的数据中间件有 Atlas，还有 Mycat、Kingshard 等一些社区的维护项目。当中有些是客户端集成，实现拆分功能，有些则是通过代理模式实现的功能，不一而足，各有千秋。

那我们的会是什么样的呢？小白特别好奇这个 CRDB 到底是什么样的，他充满了期待。小白从 CRDB 开发人员“竹竿”那里得知，CRDB 采用的是代理模式，开发难度虽然大，但是后期维护起来会更加容易。新团队研究的内容很丰富，比如数据库协议、语法解析、数据拆分规则、分布式事务、分布式计算，等等。有些内容小白都没听说过，不过小白心里很佩服新团队的专业性，对新团队的期望更大了。

经过一段时间的紧张开发，CRDB 最终发布了第一个版本。此时正好有一个应用研发团队，因为业务的飞速发展和数据量指数级的增长，导致技术债沉重，正在重构他们的系统。早期，他们的数据量并不大，所以在架构整个业务系统的时候并没有考虑过多，系统也稳定运行了多年。但是近期，公司的业务发展方向发生了改变，他们的业务量突然增加了很多，原本多种服务交织在一起就比较混乱了，再加上数据量的增长，系统瞬间不堪重负了，急需重构。在他们改造系统的时候，数十亿级别的数据存储成为改造的难点。

在小白为他们介绍了 CRDB 产品之后，这个应用研发团队毅然决定使用 CRDB 产品。经过 CRDB 改造之后的系统很快就上线了，服务质量与以前相比有了质的变化，特别是对后端的数据再也不用担心容量的问题，而且数据库服务的响应质量也很高，99%都在 10ms 内响应，单 CRDB 节点能承受每秒 5、6

万的查询量。在上线后因为数据量的增长，他们还进行过在线的数据库增倍扩容，但是整个服务几乎没有受到影响。

小白很开心，有了这个利器，很多问题都迎刃而解了，再也不用做夜猫子了，各种大数据量的存储问题也完美地解决了。

有了第一个成功的案例，后续接入的项目也越来越多了，随之而来的问题也更多：图形化客户端的适配问题、各种 ORM 框架的接入、各种语言的接入、特殊的查询需求、监控运维……然而这并没有难倒聪明的 CRDB 研发团队，他们迅速出动并响应需求，逐一解决各种问题，确保大家可以顺利使用。

后来 CRDB 研发团队又设计了一套自动化系统来做监控运维的工作，这套系统能 7×24 小时地监控所有实例的运行状态，自动化处理和分析状态数据，并做出安全决策。哪里有异常了、哪里又恢复了、哪里过载了、哪里闲置资源了、哪里违反了安全机制，等等，这些在这套系统下都无所遁形，有再多的实例也能管理得妥妥的。

小白只需要关注手机上的短信，淡定而自信地看看系统通知就可以了，偶尔到控制页面操作几下，新服务就可以上线了。

最终的数据库中间件架构如下所示。

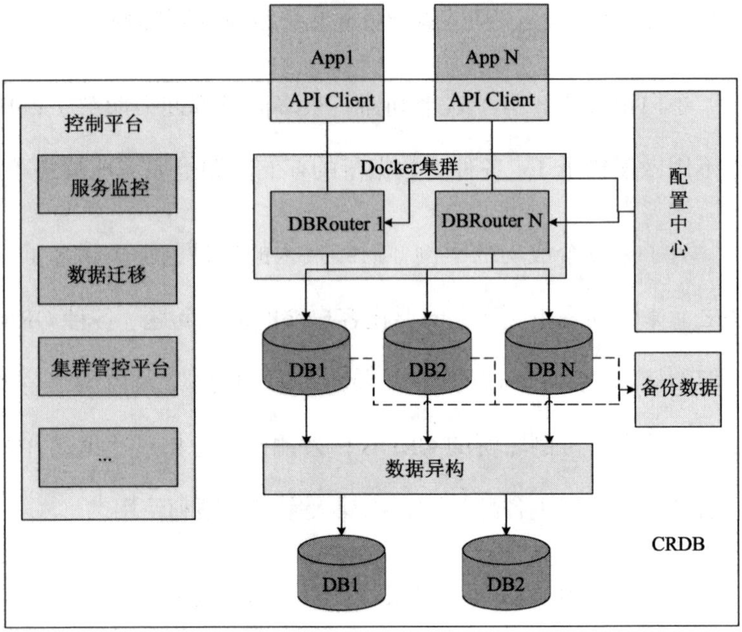

CRDB 系统架构图

4.4 可治理的服务

最近几年，同程旅游业务的飞速发展推动了技术团队的快速革新。所谓天下大事分久必合，合久必分，机票、景区仍旧一骑绝尘，邮轮、车票异军突起，程序猿（媛）们也在各自的业务项目部门招兵买马、裂地封侯。由于开源项目和多种语言的加入，原来同程旅游.Net 平台一统天下的局面顿时变成了百家争鸣。

小白所在的运维团队不仅要运维.Net 程序，现在还多了很多种不同的语言，有 Java、Golang 等，让小白他们头大。

快乐总是短暂的，难题却从不爽约，在享受过多平台、多语言的红利后，突飞猛进的后遗症也渐渐凸显，原来很多项目每周发布 1、2 次还有余力，现在变成两周发布一个迭代版本，有些甚至延期发布了，故障筛查变得越来越慢，扩展功能变得越来越难，代码渐渐地散发出异味。小白在运维系统中也感受到了这样的异味，凭借以往的.Net 运维经验已经远远应付不了，各种语言、各种踩坑让小白他们忙得不可开交。

同程技术步入后狂奔时代，要么在奔跑中调匀呼吸节奏继续加速，要么在冲刺中掉队。事实上，同程旅游的技术人已经没有别的选择了。

那问题出在哪儿了呢？有什么好办法能解决目前面临的问题，哪怕是暂时缓解？没有经过把脉确诊，没人敢乱开药方。为此，小白听说胖波派出了“老中医”团队，他们到各业务一线坐诊，同时广开门诊，承接各团队的疑难杂症，由基础研发团队的“老中医”们会诊、定方案。一番运作下来，“老中医”们收集的情报显示，同程旅游各业务线共提供了高达数万多个服务接口，其中纳入 SOA 管理治理的不足 1/5，部分服务接口甚至成了无文档说明、无责任人、无源码管理的三无服务。有时故障排查只能看着运维系统的监控数据去猜，再不行就只能靠进程 Dump 神器了。由于同程旅游的老一代 SOA 设计得比较简单，实现思想老旧，缺乏服务可治理支持，所以也存在适用面过窄、调用链缺失、运行数据获取困难等缺点。

从“老中医”的问诊经历来看，服务依赖更是你中有我、我中有你的一锅“东北乱炖”。

症结逐渐浮出了水面，解决问题仍然困难重重。经过慎重考虑后，“老中医”团队决定开出第一张药方，双管齐下，标本兼治：首先加强现有的基础服务处理能力，将数据库、缓存、队列、日志等基础服务和中间件加固，使承载系统有更强的抗压和抗冲击能力；同时，成立服务中间件团队，专职服务中间件研发，启动分布式服务系统项目，简称 DSF，代号“蜂巢”，致力于构建基于微服务的新一代服务治理框架。

胖波敲定治理方案后，迅速网罗了同程旅游基础研发的各路精英，并且从各条业务线借调了几名技术骨干。服务中间件团队就这么开工了。

在开工前，胖波对未来的服务平台定了以下几个基调。

- 首先，必须是跨语言、跨平台的，这就要求新的服务系统本身必须是语言中立、完全面向契约的设计。
- 其次，新的服务系统必须有足够好的兼容性，最好能使现有的服务不用做大的修改即可接入，避免服务断层。

- 最后，新的服务系统的学习曲线要平滑，考虑到绝大多数同程旅游的研发团队都是基层开发人员，每天在产品经理的吆喝催促中加班加点的他们，哪怕有一点点的不顺心，就可能让新的服务系统的实施推广遇到强大的阻力。

本着小步快跑的原则，蜂巢迅速推出了第一个版本，核心组件包括可分布式部署的一组配置管理服务组、一个服务容器和多语言的 SDK。

系统的组件使用了构建于面向消息的类 HTTP 的私有协议进行通信。选择这样的协议有以下两方面的原因：

- 首先是协议跨平台，对各种计算机语言都有很好的兼容性，同时天生对分布式系统有很好的支持；
- 其次是系统通信必须有超高的性能和便捷性，只需花两个小时仔细看完说明文档就能上手。

最后，蜂巢研发团队专门抽时间开发了一个基于该协议的服务容器，压测结果显示，服务的吞吐量每秒轻松破两万。

小白很快就收到了蜂巢 v1.0 版本的上线发布会通知，小白虽说是运维人员，但是也对开发非常感兴趣，便立马报名参加了这个发布会。

蜂巢研发团队的研发人员“眼镜”在发布会上展示了整个系统的架构图，如下所示。

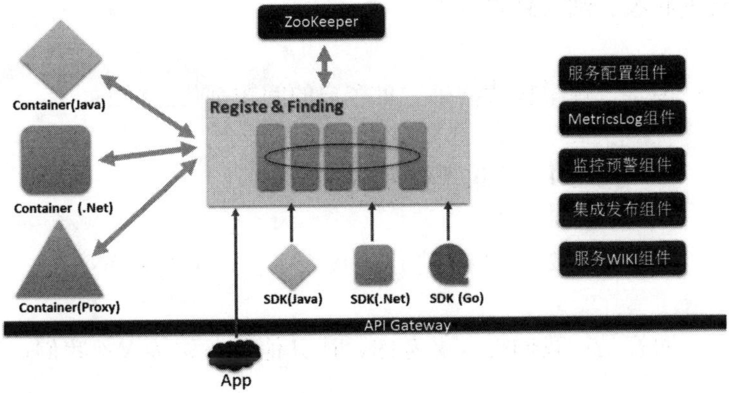

DSF 系统架构图

看完架构图，小白对其中一个叫作 Container（Proxy）的服务容器感到奇怪。“眼镜”介绍说，在整个蜂巢的 v1.0 版本的开发周期中 Proxy 容器才是真正的大头，当然也是所有组件中最难设计的一个。

小白仍然一头雾水，这个 Container（Proxy）到底是何方神圣呢？不过小白还是装作听懂的样子听完了发布会，打算在发布会之后仔细打听蜂巢 DSF 的设计理念。

根据蜂巢研发团队在发布会上所述，以后所有同程旅游的研发人员不能私搭乱建服务，所有服务必须纳入蜂巢，老服务排期收编，纳入蜂巢管理。

但是，蜂巢接待的第一批客户的问题都是这样的。

- 问题 1：蜂巢现在可靠吗？
- 问题 2：哪些服务已经接入了，效果怎么样？

回答是：我们再考虑考虑，让其他业务先接入；我们这段时间比较忙，要不先缓缓？然后，蜂巢负责对接的小伙伴转身继续挠墙。

这时就轮到之前小白一知半解的 Proxy 容器大显身手了，所有服务无论是 TCP 的还是 HTTP 的，无论是 WebAPI 还是“老太爷级”的 SOAP，都可以通过 Proxy 容器进行包装和转发，这些老旧的服务将统统改头换面，变成支持蜂巢协议的全新模范服务。所有服务治理方略都落实到 Proxy 容器上实施，解决了在过渡时期原有服务治理起来无从着手的难题。

而这一切仅需要业务开发人员配合着对自己提供的接口做一遍梳理，并通过统一的格式向蜂巢上报即可。一旦接入完成，便可马上享受服务注册、上下线、寻址、调用链等一系列治理手段，惠而不费。

但是显然开发 Proxy 的系统的蜂巢研发团队不会这么看，为了保障最大的兼容性和调用过程的透明度，他们没少熬夜加班薅头发，静坐绝食砸键盘，以至于验收完成后 Proxy 模块的核心开发人员立刻抱着电脑逃难，发誓再不踏入微服务一步，当然这些都是玩笑话了。不过小白经常值夜班时看到，蜂巢研发小组还在激烈地争论一些设计架构上的方案，非常辛苦。

蜂巢系统随后整合并打通了发布、监控、日志等系统，同程旅游的服务治理算是真正摆脱了手工时代，初具雏形了。打开后台通过鼠标点几下，注册、发布更新、升降级、扩容收缩可以一键搞定。

有句老话是这么说的:“需求来自第一次发布之后”。随着蜂巢第一个 Release 版本艰难地扛过过渡期,各种需求和吐槽蜂拥而至,版本兼容的、服务粒度的、上下线策略的,不一而足。蜂巢研发团队就这么痛并快乐地在海量需求中继续编码开发,他们将继续探索同程旅游的服务治理之路。

第 5 章

运维的苦海

小白刚入职就是一名运维人员，深知 7×24 小时工作的不易，对于运维工作从纯手工到自动化运维，再到现在的故障自愈，小白的感慨颇多，有很多话想说。

第 5 章
运维的苦海

5.1 每天背个锅

故事 1

小王："首页打不开了。"

小白："怎么又打不开了？"

小王："没有上传。"

小白："那怎么就打不开了？"

小王："你们是不是又调整了什么？"

小白："昨天晚上好像调整了负载。"

小王："你调整负载怎么不通知我，我的这个系统要依赖这个配置的。"

小白："你的这个配置不规范，有问题，我们已经全部下线了。之前很多系统都下线了这个配置，这个配置不能再用了，已经连续通知你们一个多月了。”

小王：“这个我不知道呀！”

小白：“……”

于是小王回去后写总结邮件：出故障的原因是运维人员修改了负载配制，导致系统故障，回滚后解决。

于是小白回去后写总结邮件：出故障的原因是开发人员没有按照要求修改代码配置，已经通知一个月了，还没有修改。

种种故障已经快打翻小白和小王的友谊之船了。

故事 2

小王：“首页打不开了。”

小白：“怎么又打不开了？”

小王：“没有上传。”

小白：“那怎么就打不开了？”

小王：“你们是不是又调整了什么？”

小白："我们什么也没动。"

小王："什么也没动，怎么就打不开了？"

小白："你的代码咋写的，我怎么知道？"

小王："……"

小白："要么我重启回收一下，说不定就好了。好了，重启了。"

小王："恩，可以打开了，是不是机器系统有问题？"

小白："……"

于是小王回去写总结邮件：出故障的原因是运维人员的机器系统有问题，重启后系统恢复，故障解决。

于是小白回去写总结邮件：出故障的原因是开发系统的代码有问题，重启后系统恢复，故障解决。

"系统又打不开了，你们运维人员做了什么？"小白每天总是听到这些，也很无奈，这是一段苦涩的日子。运维人员回应："你们是不是又上传了？不然系统怎么挂了，代码肯定写得很乱，机器本来好好的”。

在运维人员与开发人员的每次交锋中，开发人员好像总是很理直气壮：“我的系统有两周没有更新和上传了，今天突然一直超时、打不开，不是你们运维人员做了什么，那是什么原因？”运维人员也很无奈：“你的代码又不是我写的，我哪知道你的系统是怎么回事？”运维人员成了背锅侠，埋头苦干，却又得不到认可。

小白回忆说：“其实当时也不能全怪开发人员，当时的自动化水平比较低，在这样的情况下，全靠手工运维，面对几千个应用的运维工作量，不出错几乎是不可能的。”

当时比较流行“不做不错，一做就错”这样一句话，运维人员在操作这些错综复杂的配置时，往往都是提心吊胆的。

在每次运维操作的背后，肯定有一帮开发人员在配合着测试，还都是在深夜。小白回忆，当时只有在不得不做的时候才会去做，能过一天是一天。在这样的情况下，系统的保障、应用的可用率可想而知，不每天背个锅才怪。

第 5 章
运维的苦海

同程旅游举办的 7.24 运维日的活动

一个短片（http://v.qq.com/x/page/c0314z5eszq.html）

扫描下方的二维码可以在线观看该短片。

5.2 一场革命

怎样才能不背锅？小白痛定思痛，寻找根源。运维团队苏醒了，开始反思了。狮子反思了，恐龙也是要害怕的。小白记得从那时候开始，运维工作与以往不同了，因为运维团队里多了几个懂研发的程序员。

我们应该怎样摆脱被开发人员诟病的命运？说实话，运维人员每天几乎 7×24 小时值班，半夜爬起来处理问题，大家在聚餐时可能运维人员还得在旁边处理各种各样的问题，可是就算这样辛苦，运维工作还是得不到认可。

小白在想大家到底需要的是什么样的运维？当时大家需要的是一个高效、可靠的生产环境，一旦出了问题，可以即时发现并进行处理，而不是被其他开发人员投诉系统打不开。开发人员的要求其实并不高，也不能算要求，这是运维人员应该做到的。

运维人员开始思考和行动了。那我们究竟应该如何监控应用？当时运维人员使用的是商业硬件负载。说起商业硬件负载，运维人员也是满眼的泪，要日志没有日志，一打开记录日志功能，负载的 CPU 使用率就飙升；不小心被黑客扫描器攻击了一下，运维人员也要吓个半死，流量直接跌一半。每到节假日，特别是国庆的时候，运维人员总在想这关键的硬件负载设备能抗住吗，如果抗不住可怎么办？流量若超出了设备的负载能力，则连扩容的余地都没有。那时的运维人员真的是每天都走在“钢丝”上。

负载均衡作为线上流量的入口，承担着各业务系统的分流、故障转移及访问规则重写等重要角色。随着公司的业务量呈现爆发式增长，负载均衡对线上的整个应用系统来说格外重要。

同程旅游的业务正处于高速发展时期，对公司来说，每一分钱都得花在刀刃上，昂贵的硬件负载均衡设备动不动就得几十万，这无疑会带来巨大的成本投入，并且硬件负载设备在长时间的使用过程中，稳定性也不是特别可靠，会出现多种故障。小白记得每次申请购买硬件负载，都是天文数字级的价格，而且硬件负载有各种坑，小白也栽过不少跟头。

小白记得在 2014 年年底，线上一个机房的硬件负载发生了故障，导致业务系统中断，虽说故障发生的时间比较短，但也给公司带来了不少损失。小白还因为这起事故，当月的考核被打了一个 D，他还为此难过了好几天。

如何降低投入的成本，并且更好地保障系统的可靠性，后期还能和其他系统很好地集成，这对运维人员提出了巨大的挑战。在基于开源的负载均衡软件的基础之上，为了更好地适应线上系统的需要，小白他们做了一些定制化的修改，开发了同程旅游自己的负载管理系统 TLB。原先的硬件负载系统是主备模式，机器的利用率太低，一般都是一台工作、一台冗余，现在改成了集群模式，通过路由层负载实现多组服务器同时工作，并且可以动态地向负载集群中添加新的服务器，如果其中一台设备发生了故障，集群负载还能自动将这台发生故障的机器下线。

应用系统页面的接口访问量和出错量对小白等运维人员而言非常重要，通过访问日志，可以分析实时的系统情况。硬件负载均衡设备虽然也有日志功能，但是因为线上应用的访问量巨大，在开启日志功能之后，硬件负载的 CPU 占用率会飙得非常高，这在前面都有提及，小白他们为此付出了不知道多少个日日夜夜。从硬件负载迁移到软件负载均衡后，软件负载的日志被发送到日志服务器，日志服务器将收到的日志进行归档储存，并且输出一份到日志分析系统中做实时日志分析，可以给出相应的报表。这样，运维人员便能够轻松掌握目前线上所有应用的访问情况、故障率、页面载入和接口耗时时间，当系统有故障时能快速应对。

负载系统管理也是一个问题。在大规模的集群系统中，为了避免运维人员直接登录线上服务器修改相应的配置，小白他们开发了一套多机房统一的负载管理操作系统，今后小白的所有操作可以直接在这套系统里面完成，自动推送到各个节点并即时生效。整个系统不仅拥有友好的权限控制，还拥有强大的接口、配置自动备份、故障回滚等多种实用功能，小白的喝茶运维生涯从此开启了。

把线上的所有系统从原有的硬件负载系统迁移到新的软件

负载系统上面，也是非常困难的，因为必须先要熟悉每个业务系统的关系，和业务系统的负责人一起测试。将线上的应用全部迁移到新的软件负载管理系统中，不仅使整个系统的稳定性得到了很大的提升，运维人员的工作效率也提高了不少。

将负载产生的日志与ELK方案结合使用，可以很迅速地搭建一套集日志收集、分析、报警于一体的平台，让负载系统如虎添翼，是时候进行同程旅游的负载大迁徒了。

小白所在的运维团队有一点是值得称赞的，那就是他们超强的执行力，他们加班加点，多次通宵分拆站点进行迁徙。小白回忆当时的情况是，之所以经常需要通宵操作，就是为了防止对用户的影响，半夜操作如果出现差错，也能将影响降到最低。运维人员背水一战，不到两个月就将全部负载迁移到了负载系统上，整个项目的推进并没有出现大的故障，运维人员此时是信心满满的。

现在小白时不时就会跟小王说："你们的系统又出现超时了，已经超时5%了，快看看"，运维人员每天的性能报告数据覆盖了几乎全部的线上应用，还囊括了数据库和接口服务。开发人员现在已经不能再说："你们运维人员做了什么"，这也迫使开发人员开始进行更严格的代码检查了。

但是，故障仍然会存在，并不会因为有了监控就不会发生。监控只是让运维人员和开发人员第一时间知晓故障的发生，更加清楚线上系统的故障情况，在一定程度上规避更严重的故障发生。小白心想：线上系统为什么会出故障？CPU 占用率为什么会高？系统为什么突然打不开，为什么堵了？我们需要走在开发人员的前面，而不是每次出故障了都需要找开发人员，在很多情况下，开发人员并不是 7×24 小时在岗的。小白觉得，运维人员不仅要监控系统的故障情况，还要能够快速诊断问题，在开发人员发现之前，就已经确认问题或直接解决问题。

怎么快速诊断问题并解决问题呢？小白认为，这也需要一个类似监控的系统，可以自动收集日志，根据日志进行分析并诊断，甚至在部分场景下系统能自己解决故障。最后，小白确定开发运维机器人、故障诊断系统、故障自愈系统。在发生故障时，通过故障诊断系统可以快速诊断出是代码问题，还是背后依赖的接口、缓存系统、数据库问题。同时，在故障自愈系统中，可以根据之前设置好的故障规则，调用运维机器人进行自愈。

有了监控，有了运维机器人，小白再也没有痛苦地通宵工作了。小白说："自那之后，开发人员都是比较谦虚地与运维人员沟通系统中的问题。这场集成工具的持续革命，解放了运维人员，也帮助了开发人员。在监控方面，运维团队开放了监控的数据接口，让开发人员可以根据自己的要求，定制化自己的监控数据与报警内容。运维团队还提供了 7×24 小时监控服务，开发人员有任何想要监控的指标时，只要接入这个平台中，就可以实现 7×24 小时的监控服务，不用担心错过任何一个重要的细节。

这是一场工具的革命，也是一场运维自动化的革命，更是一场运维人的革命。只有团队对自己的思想进行革命，才会进行最终的革命。运维团队还是以前那些人，但是做的事已经不是以前的那些事了，关注点和思考点也不一样了。线上的机器、应用的个数都在呈指数级增长，运维人员只有通过自动化，让系统去解决系统的问题，才能最终满足开发团队的需求。运维人员主动地走在开发团队的前面，让开发人员专注于应用系统的开发，让他们放心地使用运维服务，就像他们相信自己的代码一样。

路还很长，这是一场持久战，运维团队的自动化之路还在快速向前，每个服务还有很多的提升点，但是小白他们相信通过运维人员的努力，同程旅游的运维工作将会越来越好。

5.3 运维大数据

同程旅游每天的日志访问量是巨大的，小白在处理和分析这些数据时一直头大，怎样更加高效和更加全面地对这部分宝贵的访问日志进行分析呢？小白请教了胖波，想让他出出主意。

胖波说："一个系统从开发完成到测试和上线，相应的监控系统也应跟上，出了问题及时报警，快速找出原因，及时修复，尽最大可能把系统问题造成的损失减到最少。"由于同程旅游的业务线众多，每条业务线都有很多业务系统，每个系统都要打自己的监控日志。然而，仔细分析这些监控日志，大同小异，大多数情况下统计的维度都是相同的，例如：统计每个接口的每分钟的访问总量、"5xx"错误量、"4xx"错误量、平均响应时间等，这些日志信息都要开发人员手动埋点到代码里。这种情况会产生以下两个问题：

（1）业务代码中充斥着各种统计日志，降低了代码的可读性；

（2）大部分业务系统都在做同样的日志统计工作，增加了人力、财力和时间成本。

前面提到，小白所在的运维团队进行过一次较大规模的负载迁徙，将硬件负载全部换到运维自主研发的负载系统中，使得横向扩展变得极其容易。无论什么样的业务系统都是通过负载系统转发请求的，那是不是通过收集负载系统日志，并加以加工，就可以满足上述的日志统计需求呢？小白他们使用了ELK来处理日志。

时间就这样一天天过去，随着大量应用的不断上线、增加负载，负载系统每天产生的日志量超过近百亿条，磁盘占用量超过 N 个 TB，这样大的量对于日志的实时收集、存储、分析等都是一个巨大的考验。虽然使用了ELK搭建一套日志运维平台，但是在权限管理、存储时长、查询速度方面都显得有些力不从心。另外，ELK虽然功能很强大，但在使用方面专业性较强，使用前要先学习一番，对于一些有特殊查询需求又不太熟悉

ELK 的小伙伴而言，使用起来会有些不知所措、无从下手，这时他们往往会去找小白帮忙查询，但是小白可能正忙着处理故障，所以在无形中降低了工作效率。

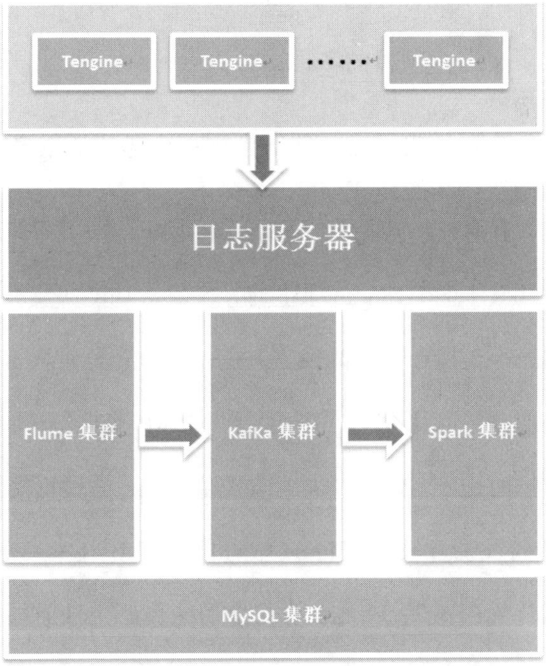

日志收集系统架构

大家开始探索"运维+大数据"的解决方案，期望设计一套更加直观、实时和贴近开发人员需求的日志监控系统。日志的产生是实时的、增量的，大家很自然地想到使用 Spark 做流式计算处理，因为 Spark 是当前流行的分布式实时计算框架，支持流式处理、SQL 访问、批处理等，最重要的一点是它能够与公司现有的 Hadoop、Mesos 集群无缝对接。接着，我们选择 Flume 作为日志收集系统，并选择 Kafka 作为日志信息的中转站，最终胖波定下了这个项目的名称：AccessView。

然而，在系统设计之初并不算顺利，遇到了很多问题。

首先，在日志收集阶段，Flume 将收集的负载系统日志异步发送到 Kafka 中时，Flume 原生的异步发送功能只支持按照日志条数发送，不支持按照时间发送，这就导致每分钟内 Kafka 上的各分区的数据分布不均匀，进而导致 Spark 集群每分钟从 Kafka 上拉取数据时也不均匀，极大地浪费了 Spark 的计算资源；另外，由于每秒的日志量较大，Flume 服务器（JVM）经常会出现 OOM 错误。最终通过改写 Flume 的异步功能代码，让它按照时间发送数据，每秒发送 1 万条数据到 Kafka 中，这样按照每分钟为一个窗口期，各个分区上的数据基本均匀分布；同时花了很多时间对 JVM 堆的内存参数进行调优，解决了上述问题。

其次，在数据存储方面，我们选择了 MySQL。我们基于尽最大可能压缩存储的考虑，设计了一张 ID 表，记录各个域名、URL 字符串，以及 IP 地址与 ID 的映射关系，同时对于较长的 URL 采用字符串压缩存储，其他各表的所有字段全部以数字的形式表示，在很大程度上节省了数据库的存储空间。但是尽管如此，每天仍有近 1 亿条记录入库，这样算下来，一个月有近 30 亿条记录入库，单台 MySQL 肯定扛不住。于是我们决定使用 MySQL 集群，同时设计了一套动态均匀分片策略，使得数据均匀地分布到各个片库上，这套策略使集群的水平扩展变得相当容易。目前 AccessView 至少可以存储 1 年的数据。最终，经过数月的开发、测试，一个崭新的日志监控运维平台 AccessView 诞生了。

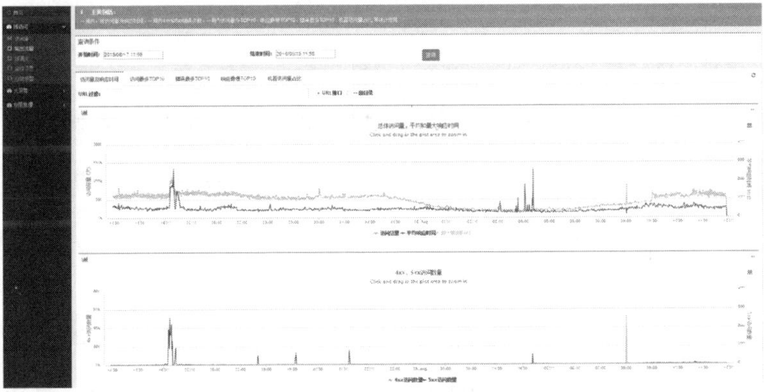

AccessView 的后台指标图

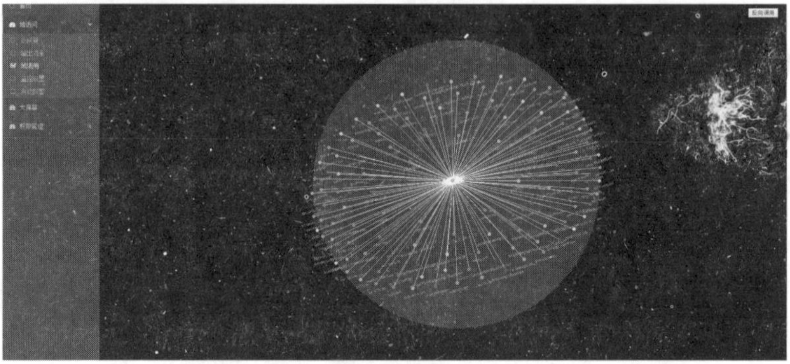

AccessView 显示的调用关系图

AccessView 不仅可以统计每个域名及此域名下的各个 URL 每分钟的访问量、4xx 数量、5xx 数量、访问流量、平均访问时间等维度指标，还可以计算各个域名之间的调用链关系、各个省份区域的访问情况等。由于 AccessView 是从负载系统日志中分析数据的，因此是一种无侵入的设计。对于各个系统的开发小伙伴来讲，只需要输入一个域名或者一个 URL，几秒内就可以查出其想要的结果，在很大程度上把研发人员从烦杂的日志统计工作中解放了出来，让他们可以有更多的时间和精力去关注应用的业务逻辑功能。

目前，AccessView 作为运维监控平台，我们为其增加了自动化报警的功能。针对 HTTP 响应异常数量、平均响应时间及

的算法结合起来，做到自动预测报警的功能，主要根据当前一小时以内的数据统计出下一时间点的数值范围，当超过这个范围时，就会报警。经过此番调整，不正确的报警次数直线下降，就这样经过一段时间的学习，几乎没有错误的报警通知了。

第 6 章

黑洞

小白的好友小王在入职同程旅游后，编写了很多代码，很有成就感。但是有一天安全团队找到小王，说小王的代码存在安全漏洞，用户可以用很低的价格来购买商品，希望小王马上修复。小王这时才意识到编程不仅要实现功能，还要考虑这些功能会不会被人绕过，变成一个可以被恶意利用的功能点。

第6章
黑洞

6.1 安全的挑战

在现在的互联网环境中，安全对于任何一家互联网公司来说都是一个巨大的挑战，有人说安全是技术的问题，也有人说安全是测试的问题，更有人说安全是法律问题。但是小白认为安全是一个态度面临的挑战。

那态度又面临哪些挑战呢？当网站有漏洞发生时，你会如何看待这件事情？你会认为这是编程的事故、见不得人的丑闻还是对网站的恶意攻击？这里我们暂时先把安全问题放一边，来看看很久以前的关于软件的补丁包。其实每个软件都会有 Bug，开发人员修复这个 Bug 之后会打上一个补丁包，用它来修复运行中的软件的错误。这时可以想象一下，如果你安装了一个软件，在运行的过程中也发现了一些问题，但是这个软件从来不升级或从不打补丁包，那么你还会认为这是一个好软件吗？你一定不会这么认为，说不定你会很快卸载它，并安装其他软件了。其实安全漏洞不也是一个软件 Bug 吗？这时我们经常会说安全是一个挑战，每当有安全漏洞发生时，大家都惊慌失措，不知道如何处理了。但是仔细想来，一个系统哪会从来就没有发生过安全问题，全世界又有哪一家互联网公司说自己从来没有发生过安全问题，所以我们是不是可以这样理解：安全漏洞一直存在，只是我们没有发现而已，我们的挑战其实就是发现更多的已经存在的安全漏洞并修复它们，这样我们的网站才能够更加安全。

所以我们早期的安全工作都是围绕着尽早地发现系统漏洞，以及更快地处理安全漏洞进行的。

小王想了这么多之后，回想起自己经历过的一个安全事故。某一天，安全团队的同事收到了一个自称是白帽子的朋友提供的一个安全漏洞，漏洞的具体内容是这样的：可以用几块钱购买一个价值不菲的旅游商品，其中大概的方式是修改某一个提交参数。这时安全团队在小王面前进行了漏洞的复现，小王惊呆了，心想这怎么可能呢？

安全同事怒斥小王："你是不是直接获取前端发送的参数作为价格，进行判断并下单呢？"

小王也有点怒了："我有这么傻吗？当然不可能这么做，价格都是根据原始数据重新计算过的。"

小王仔细检查了代码，心里反复念叨怎么可能发生这样的事情。这时小王的整个开发团队都开始检查这个问题，经过了漫长的检查之后，终于有人发现问题的所在：这样的一个订单其实是由两个商品组成的，小王所做的是主商品的交易，这个订单还带了一个附属商品，这个附属商品的价值很低，也就几元钱。对于这个附属商品，开发团队并没有注意那么多，但是这个订单的最终价格是这两个商品的价格之和。因为那个很容易被人忽略的附属商品被白帽子通过特殊手段变成了负数，订单系统又没有严格地判断价格的正负，所以导致了这样一个巨大的安全问题。

大家在快速解决这个问题之后开始反思，我们是不是只有这样一个问题呢？显然不是，这类问题应该还有更多，所以这时全公司的研发人员组织了一场活动，即"黑洞大赛"。

"黑洞大赛"每个月都会举行，目的是找到更多的安全漏洞，采用的方法也非常简单，就是将之前的漏洞一一进行清理，并由每位开发人员根据这些历史文档检查系统的每一个角落，最终找到漏洞最多的同事获胜，并获得大奖。

同程旅游的黑洞大赛

当然，小王也在一次次的“黑洞大赛”中学到了不少安全知识，也拿过一次大奖。但是，像小王这样的程序员都明白，安全的挑战其实是对自己的挑战，更是对态度的挑战。

6.2 成长中的安全团队

跟大多数公司的安全团队起步时一样，同程旅游的安全团队刚开始时只有一个人，组织架构也是放在运维团队里面的。百废待兴，到底要从哪里着手呢？大家七嘴八舌地出了很多主意，有人说我们应该去买一堆安全设备，这个人就是安全设备的管理员；也有人说我们应该去做一些安全规范，这个人就是安全文档的编写者；还有人说我们应该自己挖一些漏洞，这个人就是安全测试员。这时这个安全工程师完全没有主意了，被大家说晕了。

还是胖波拍了桌子吼道："安全是一个体系工程，我们应该将其分为基础安全、应用安全、安全测试、漏洞收集等各个方向，来建立一个完整的安全体系，而不是简单地去修一个围墙，安全是需要有纵深的。"

话这么说是没错，但是安全行业人难招啊。安全工程师在早期基本上是救火队员的角色。这边挖一个漏洞，那边报一个漏洞，再跟进研发团队进行修复，每周出一份安全周报，将本周的安全漏洞、安全进展及需要协助的地方报告给各相关项目的负责人。在 CTO 的鼎力支持下，早期的安全工作进展得还算顺利，虽然还是只有一个人，但是在组织架构上已经从运维部门划分出来，成立了独立的安全组（后称安全团队）。但一个人的力量毕竟有限，外部报告的漏洞越来越多，其中不乏高危漏洞，安全工程师忙得焦头烂额，疲于奔命。

没过多久就发生了一起严重的安全事故。安全工程师收到外部漏洞报告，说线上系统因为对外开放了一台空密码的 FTP 服务器，而这台服务器上同时运营着一套没打上最新安全补丁的监控系统，所以黑客经过一番探测之后，可以利用漏洞直接切进线上的生产环境，探测内网的信息，带来严重的威胁。

虽然是周末，但安全工程师还是拉上了部门负责人、运维、网络等团队的同事应急响应。过去因为业务需要快速上线，防火墙上的对外映射等其实是没有审批流程的，有人申请，网络团队就去执行，时间一长，已经无法理清哪些对外映射还在用，哪些已经可以关掉了。而现在出了安全事故，大家不得不坐下来慢慢梳理了，于是大家用了周末这两天逐条梳理防火墙的对外映射。尽管大多数报告漏洞的白帽子都是遵守白帽子黑客道德约束的人，但安全工程师和负责运维的同事还是对线上全网主机的日志进行了审计，以确保报告者没有做出格的事情。

事故处理完之后，大家也一起开了复盘会，讨论之后要怎么做才能避免类似事故的发生。大家首先达成了共识：之后防火墙的对外映射需要安全团队的审批，因为负责网络的同事并不能对应用做出安全评估，到底能不能做，由安全团队说了算。

于是顺理成章，第 2 名加入安全团队的同事是网络安全方向的，虽然之前并不是做安全的，但是拥有丰富的与网络相关的经验，以及长时间的防火墙项目实施和运维经验。防火墙相关的运维工作也从网络团队移交到了安全团队。

在早期安全团队人少的情况下，安全工程师的精力是最重要的，必须集中注意力应对最急迫的安全威胁。在预算允许的情况下，安全团队在早期可以采购些商业安全设备，比如防火墙、WAF（Web 应用防火墙）等，能买的可以先买来用上，至少能为安全团队的成长赢得一些时间，规避很大一部分风险；另外，安全团队找了第三方的安全平台对公司进行了安全众测，就是在平台上召集一些可靠的白帽子，在一段时间内对公司的各个项目从各个维度进行安全评估。

早期的安全威胁主要还是集中在 Web 层面，第 3 名加入安全团队的同事是偏 Web 安全方向的工程师,漏洞挖掘经验丰富，关键在圈子内积累了一些人脉。在内聘了其他条件的安全工程师后，安全团队终于有了一个专职的开发工程师。除了日常的安全开发需求，安全团队开始筹建 SRC（安全应急响应中心）。

同程安全应急响应中心（https://sec.LY.com/），
该中心同时运营着 ysrc-team 公众号，定期分享一些安全技术干货

值得一提的是，同程安全应急响应中心是目前唯一一家公开自身漏洞的SRC，目的也比较简单，因为我们把各种类型的安全问题基本上都犯了一遍，这些漏洞对其他刚刚开始着手信息安全的公司来说简直是一个宝库，这些公司可以把所有公开的漏洞看一遍，就能基本上做到心里有数，再对照着去看自己公司有没有类似的问题。同程旅游安全团队开放的态度、快速的响应速度、合理的安全奖励也为SRC平台快速积累起了人气，至今已经收到数百个安全报告。

随着安全建设的不断推进，安全团队已经不再是救火队员的角色，安全职能也像胖波规划的那样开始细分，陆续有不同技术背景和技能的人加入了安全团队，让安全团队向着自己的目标前进。

目前同程旅游的安全团队将这些职能进行了划分。

- 安全测试，负责偏Web安全漏洞的挖掘、SRC应急响应和运营、代码安全审计。
- 安全对抗，负责渗透测试、安全相关系统的开发及运维安全。

- 网络安全，负责安全设备的运维及网络安全架构的规划和落地。
- 安全风险控制，负责业务和系统安全的风险控制。
- 移动安全，负责移动 App 的漏洞挖掘和加固。
- 安全研究，由业界专家坐镇，不直接对日常工作有多少贡献，但是能对内、对外输出安全能力，同时是一块招聘的招牌。

某天，坐在小白边上的运营同事突然拍着小白的肩膀，开心地对小白说："我们这次多成功，一起策划和开展的这次活动有那么多的流量，吸引了那么多的用户，效果非常好。"小白乐呵呵地说："不就是一次抽奖活动么？也没啥技术含量。你看我们的系统还是很能抗住高并发的呢！"

正当他们开心的时候，安全团队的同事过来告诉他们，安全团队已经开始拦截大部分的请求了，因为安全团队的风控系统根据行为特征的分析，确定大部分的抽奖流量其实来自一些"羊毛党"，并且把"羊毛党"的刷单逻辑和行为特征跟他们一一讲述。此时的运营同事还是不太服气，对他们说："你怎么知道是羊毛党而不是我们的活动效果好，用户来得多呢？"此时安全团队拿出一个"羊毛党"的手机号，这个手机号除了领取了抽奖的奖品，就再也没有做过别的什么了，甚至连访问网站的日志流水都没有，而且是在抽奖时直奔主题，都没有访问网页，直接刷接口。这次活动中有类似特征的用户还有很多，安全团队向小白他们展示"羊毛党"销赃渠道中有很多其他类似活动的奖品贩卖情况。

看完这些，小白和运营同事都对安全团队心服口服，这样的"羊毛党"确实会对公司的运营造成较大的损失。

目前，同程旅游的安全团队仍处于建设期，但是相较于其他团队，我们同样重视安全能力的对外输出。安全团队的成员会利用自己的个人时间向其他公司如某 P2P 金融公司提交漏洞。在 SRC 上线之后，同程旅游的安全团队占了排行榜接近一半的漏洞评分。我们积攒的业务威胁数据，也和几家友商进行了共享。

同程旅游的安全团队也开始对外开源一些自己开发的系统

（见 https://github.com/ysrc）。国内的大多数甲方安全团队都不太愿意公开自己的一些安全系统，这可能有其各方面的考虑。但是我们的安全团队很欣赏 GitHub 安全团队的一句话：

We believe that if you need to hide your mitigation to keep it secure, it's not designed well enough. The best and most secure tools are shared, open and subject to community scrutiny.

从一个人到一个安全团队，我们深知其中的艰辛及起步之艰难。现在同程旅游对信息安全这块足够重视并且愿意投入。目前，仍有很多公司的安全团队在起步阶段苦苦挣扎，这也是我们为什么坚持走开放路线，我们希望有一天能"大庇天下寒士俱欢颜"，大家都安全才是真的安全。